FAITES CHAUFFER
le barbecue à température élevée avant de déposer la viande huilée dessus pour la cuire ; ne retournez la viande qu'une seule fois pendant la cuisson.

POUR DE MEILLEURS RÉSULTATS,
faites cuire les pâtes dans une grande quantité d'eau bouillante généreusement salée. L'eau salée bout à une température légèrement supérieure à celle de l'eau non salée.

QUAND
VOUS RECEVEZ CHEZ VOUS, PRÉVOYEZ DEUX FOIS PLUS DE TEMPS POUR CUISINER QUE VOUS PENSEZ EN AVOIR BESOIN.

Quand vous allez dans un restaurant asiatique, essayez les sauces seules, sans aliments, pour comprendre l'équilibre entre le
SUCRÉ, L'ACIDE ET LE SALÉ.

POUR GARDER SA FORME À UN **ŒUF AU PLAT,** VOUS POUVEZ LE FAIRE CUIRE AU CENTRE D'UNE ÉPAISSE TRANCHE DE POIVRON.

AVEC LES **POIRES,** TOUT EST UNE QUESTION DE **TIMING.**

FAIRE DES **CONFITURES AU MICRO-ONDES** EST SIMPLE, ET LE TEMPS DE CUISSON EST RÉDUIT. ELLES SE GARDERONT AU RÉFRIGÉRATEUR JUSQU'À UN MOIS.

DANS
LA MESURE DU POSSIBLE, TESTEZ LES ALIMENTS PENDANT LA CUISSON POUR EN VÉRIFIER L'ÉQUILIBRE ET LA SAVEUR.

POUR ACCÉLÉRER LE PROCESSUS DE MATURATION DES BANANES PAS MÛRES, CONSERVEZ-LES DANS UN SAC EN PAPIER AVEC D'AUTRES FRUITS MÛRS.

Quand vous préparez une vinaigrette crémeuse, vous pouvez remplacer la moitié de la mayonnaise par du yaourt à la grecque pour une variante plus diététique.

RÉALISER DES **BEURRES AUX HERBES ;** C'EST UN DÉLICIEUX MOYEN D'AJOUTER RAPIDEMENT LA SAVEUR DES HERBES À VOS PLATS.

Assurez-vou[s] qu'il n'y a [...] **PAS D'ENFANTS** dans les parages quand vous faites **FRIRE DES ALIMENTS.**

MESUREZ
toujours les ingrédients avec soin quand vous faites de la pâtisserie ; c'est tout un art.

CRÈME FRAÎCHE ENTIÈRE = AU MOINS **30 %** DE MATIÈRE GRASSE
CRÈME FRAÎCHE LÉGÈRE = AU MOINS **12 %** DE MATIÈRE GRASSE

POUR ABSORBER L'EXCÉDENT DE GRAS QUI REMONTE À LA SURFACE D'UN RAGOÛT, PLACEZ UNE FEUILLE DE PAPIER ABSORBANT DESSUS.

POUR OBTENIR UNE **VIANDE** PLUS TENDRE, COUPEZ-LA DANS LE SENS INVERSE DES [...]

[...] soja foncée.

APRÈS
avoir fait rôtir un poulet, recouvrez-le légèrement de papier d'aluminium et laissez-le reposer, poitrine vers le bas. Le jus descendra dans la poitrine, qui sera plus tendre.

HUILEZ
ET ASSAISONNEZ LA VIANDE ET LE POISSON AVANT LA CUISSON PLUTÔT QUE DIRECTEMENT DANS LA POÊLE OU SUR LE BARBECUE.

CE LIVRE APPARTIENT À :

PRÉCIS du CUISINIER

RECETTES & SECRETS

PRÉCIS
du
CUISINIER
RECETTES
& SECRETS
1 TSP
1 TBSP

Sommaire

À présent, c'est vous qui êtes aux commandes avec ce

PRÉCIS du CUISINIER, RECETTES & SECRETS,

qui partage ses trouvailles avec les lecteurs pour les aider à résoudre différents problèmes qui peuvent se poser, en lien avec la cuisine.

Il était grand temps de rassembler quelques-unes des questions que l'on se pose le plus souvent et d'y répondre dans ce manuel, facile à consulter et ponctué de recettes réparties tout au long des chapitres pour illustrer les différents sujets traités.

Nous avons commencé par détailler le matériel dont vous aurez besoin pour vous lancer, puis celui que vous souhaiterez peut-être acquérir au fur et à mesure que votre intérêt pour la cuisine et vos compétences se développeront.

LES USTENSILES LES PLUS ONÉREUX SONT LES COUTEAUX, LES CASSEROLES ET LES POÊLES. VOUS POUVEZ FAIRE LE CHOIX D'ACHETER DU MATÉRIEL BON MARCHÉ MAIS QU'IL VOUS FAUDRA REMPLACER SOUVENT, OU BIEN PLUS CHER MAIS QUE VOUS GARDEREZ LONGTEMPS. LES DEUX OPTIONS POSSÈDENT LEURS AVANTAGES : LES ARTICLES À BAS PRIX SONT SOUVENT TENDANCE ET SUIVENT LA MODE DU MOMENT, MAIS LEUR DURÉE DE VIE EST LIMITÉE. DEMANDEZ-VOUS SI VOUS PRÉFÉREZ ACHETER À BAS COÛT ET SOUVENT, OU BIEN METTRE LE PRIX ET ÊTRE TRANQUILLE POUR LONGTEMPS. SI VOUS AIMEZ CE QUI SE FAIT DE MIEUX, DANS LA LIMITE DE VOS MOYENS, OPTEZ POUR DES MATÉRIAUX ET DES COULEURS CLASSIQUES, QUI NE SE DÉMODENT PAS.

in

POUR ÉCONOMISER DU TEMPS ET DE L'ARGENT, ACHETEZ ET CONSERVEZ VOS ALIMENTS INTELLIGEMMENT. VOUS TROUVEREZ DANS CE LIVRE DE NOMBREUX CONSEILS ET ASTUCES POUR VOUS Y AIDER.

LA CLÉ DU SUCCÈS EST L'ORGANISATION.

En maîtrisant les techniques de base pour préparer les aliments, par exemple pour les hacher, vous économiserez du temps et de l'énergie, et vous ressentirez un profond sentiment de satisfaction.

POUR FACILITER LA CONSULTATION DE CE LIVRE, NOUS AVONS INCLUS DES TABLEAUX ET DES LISTES DE POISSONS ET FRUITS DE MER, DE FRUITS ET LÉGUMES CLASSÉS SELON LES SAISONS... AINSI QUE DE NOMBREUSES PAGES POUR ILLUSTRER LES HERBES ET LES ÉPICES, LE RIZ, LES PÂTES ET LES NOUILLES, LES LÉGUMINEUSES, LES ESPÈCES DE CRUSTACÉS ET DE MOLLUSQUES. DANS LES CHAPITRES SUR LA PÂTISSERIE, VOUS TROUVEREZ AUSSI DES TABLEAUX RÉPERTORIANT LES PROBLÈMES QUE VOUS RISQUEZ DE RENCONTRER AINSI QUE LEURS CAUSES POSSIBLES, POUR VOUS AIDER À LES RÉSOUDRE.

LES MYSTÈRES DE LA CUISINE...

C'EST UN VRAI PLAISIR POUR NOUS DE PARTAGER NOS IDÉES ET NOS RECETTES AVEC VOUS, ET NOUS ESPÉRONS QUE VOUS APPRÉCIEREZ CETTE PETITE VISITE DANS NOTRE ATELIER.

roduction

1.

pour commencer

Il est très amusant d'équiper une cuisine, mais ce n'est pas un problème si vous ne pouvez pas tout acheter en une seule fois. Ne vous précipitez pas, prenez le temps de bien réfléchir et privilégiez les périodes de soldes. Vous pouvez opter pour des ustensiles à bas coût qu'il vous faudra renouveler souvent, ou bien pour du matériel haut de gamme que vous garderez pendant des décennies, ou même toute votre vie. Nous avons répertorié les ustensiles de cuisine indispensables dans les pages qui suivent, et nous vous donnons des conseils sur l'achat et la conservation des aliments pour vous aider à dépenser intelligemment vos euros.

LES USTENSILES INDISPENSABLES POUR MESURER

ENSEMBLE DE TASSES À MESURER

BALANCES Les meilleures balances sont les balances électroniques. Vous pouvez les remettre à zéro après avoir posé un récipient vide dessus, et avant d'ajouter les ingrédients (fonction tare).

ENSEMBLE DE CUILLÈRES À MESURER Très pratiques pour doser les petites quantités, elles sont arrivées depuis quelque temps en France, disponibles dans quelques grandes enseignes ou sur Internet. Vous en trouverez en inox ou en silicone, déclinées dans des couleurs très tendance.

VERRES DOSEURS Les plus utiles sont ceux d'une contenance de 1 litre et de 250 ml. Vérifiez que vous arrivez bien à lire les mesures lorsque le verre est à hauteur de vos yeux. Dans le commerce, on trouve des verres doseurs en plastique, en métal et en verre ; nous avons une préférence pour le verre.

CASSEROLES & POÊLES

CASSEROLES Il est indispensable de posséder des casseroles de différentes tailles (petites, moyennes et grandes), avec des couvercles bien ajustés.

POÊLES & WOKS Privilégiez les modèles équipés d'un couvercle.

SALADIERS

Pour un emploi quotidien, nous vous recommandons d'acheter des saladiers en acier inoxydable (petits, grands et moyens). Ils sont bon marché, solides, et résistent à la chaleur. Les saladiers en céramique ou en verre résistant à la chaleur sont également pratiques car ils passent généralement au micro-ondes. Le plastique est déconseillé ; il peut absorber la graisse. Vos saladiers (grands ou moyens) doivent être de taille adaptée à l'une de vos casseroles pour pouvoir faire des bains-marie : par exemple pour faire fondre du chocolat ou préparer une crème anglaise.

PLATS & COCOTTES

COCOTTE Choisissez un modèle lourd avec un couvercle bien ajusté. Nous vous recommandons une cocotte en fonte émaillée de qualité, pour que le fond soit bien épais. L'idéal est qu'elle résiste au feu aussi bien qu'au four.

PLAT À GRATIN Un plat peu profond à bords évasés permet de bien faire dorer la surface des aliments. Il est préférable qu'il résiste au feu en plus de passer au four ; ainsi, il supportera la chaleur d'un gril.

PLAT À RÔTIR Nous vous conseillons de choisir un plat lourd en acier ou dans un autre métal. Il vous servira pour faire rôtir des viandes et des légumes. Il doit être équipé d'une grille afin que vous puissiez y poser vos rôtis.

Choisir ses casseroles et poêles

POIDS Une casserole ou une poêle de bonne qualité avec un fond épais et lourd permet de retenir et de diffuser uniformément la chaleur. Les parois doivent également être épaisses.

MATÉRIAU Les bons matériaux conducteurs répartissent la chaleur de façon homogène et réagissent rapidement lorsqu'on augmente ou qu'on baisse le feu. Les plus courants sont l'aluminium, l'acier inoxydable, la fonte émaillée et le titane.

MANCHE L'inconvénient des manches vissés est qu'ils peuvent se desserrer ; au bout d'un certain temps, le pas de vis est parfois trop usé pour que le manche puisse être resserré. Les manches rivetés sont plus résistants. Quant aux manches soudés, ils ne bougent pas.

Planches à découper

BAMBOU Les planches à découper en bambou sont apparues plus récemment sur le marché. Composées de fines bandes de bambou, ces planches sont tout aussi efficaces que les planches à découper en bois et posent moins de problèmes d'entretien. Elles sont toutefois plus dures que celles en bois et peuvent abîmer les lames. Il vous faudra donc régulièrement aiguiser vos couteaux.

BOIS DUR C'est le matériau le plus couramment utilisé ; il est facile de hacher dessus et il n'abîme pas les couteaux. Il est cependant parfois difficile d'en faire partir les taches. Les planches en bois doivent être traitées avec soin et ne supportent pas bien le lave-vaisselle. Une planche fendue doit être jetée car les fissures peuvent abriter des bactéries.

PLASTIQUE Les différents types de planches à découper en plastique haute densité ou en nylon sont hygiéniques. La plupart passent au lave-vaisselle, et les moins dures n'abîment pas les couteaux.

Ustensiles recommandés

DEUX CUILLÈRES EN BOIS Utilisez-en une pour les recettes sucrées et l'autre pour les recettes salées, car le bois absorbe les saveurs et la graisse.

GRANDE CUILLÈRE EN MÉTAL Pour servir et incorporer les ingrédients.

GRANDE ÉCUMOIRE Elle sert à égoutter les aliments en les sortant du liquide dans lequel ils ont été cuits.

FOUETS BALLON EN MÉTAL Plus la taille du fouet est importante, plus les fils métalliques sont souples et plus il est facile de fouetter de la crème ou des blancs d'œufs et d'incorporer délicatement des ingrédients dans une préparation. Pour les vinaigrettes, les sauces et les œufs, utilisez un petit fouet rigide.

DEUX MARYSES Une grande et une petite pour racler les saladiers.

SPATULE À CRÊPES Spatule longue et fine utilisée pour retourner des aliments comme les crêpes.

DEUX SPATULES PERFORÉES En métal ou en silicone. Pour soulever les aliments et les retourner, mieux vaut utiliser une spatule souple.

SPATULE À GLACER COUDÉE Idéale pour étaler des garnitures, des glaçages et des préparations dans des moules. Utilisez-la aussi pour soulever des biscuits ou des pâtisseries sur une grille après une cuisson au four.

AUTRES USTENSILES INDISPENSABLES

BROCHETTES FINES EN MÉTAL Vendues par lots, en différentes longueurs. Elles vous serviront pour tester la cuisson des gâteaux, réaliser des brochettes de viande et de légumes, ou encore fermer la cavité d'un poulet ou d'une dinde.

CISEAUX DE CUISINE Utiles pour ciseler des herbes, découper des poulets...

ÉPLUCHE-LÉGUMES Choisissez un épluche-légumes robuste à lame pivotante. Il permet d'éplucher beaucoup plus facilement et efficacement qu'un couteau.

LOUCHE Pour servir des plats et mesurer des portions.

PASSOIRE OU GRAND TAMIS Pour laver et égoutter des aliments.

PINCEAU À PÂTISSERIE Choisissez un pinceau en poil naturel ou en silicone, de bonne qualité ; les modèles bon marché perdent leurs poils.

PINCES DE CUISINE Elles sont pratiques pour retourner les aliments. Les petites pinces sont idéales pour le service, celles de taille moyenne pour la cuisine en général, et les plus longues servent pour les barbecues.

PLANCHES À DÉCOUPER Petite, moyenne et grande.

PRESSE-CITRON Vous pouvez choisir un modèle en plastique, en acier inoxydable ou en verre. Les trois se valent.

RÂPE Les râpes Microplane® sont très tranchantes et ne se bouchent pas. Elles sont assez coûteuses, mais c'est un investissement qui en vaut la peine. La plus utile est celle à grains moyens. Sinon, une râpe ronde ou carrée en acier inoxydable fera également l'affaire.

ROULEAU À PÂTISSERIE Il doit être lisse, lourd et cylindrique, en bois ou en verre.

DEUX TAMIS Il est utile d'en avoir un en nylon pour les fruits et un autre en métal pour tamiser les ingrédients secs.

COUTEAUX

1. COUTEAU DE CHEF
Grand et lourd, c'est celui dont vous vous servirez le plus souvent. Une lame de 20 cm est une bonne longueur, mais prenez en main des couteaux de différentes tailles afin de trouver le poids qui vous convient le mieux.

2. COUTEAU À DÉCOUPER Sa longue lame doit être légèrement flexible, mais suffisamment ferme pour pouvoir trancher de la viande crue.

3. COUTEAU D'OFFICE
Version beaucoup plus petite du couteau de chef, qui vous servira à éplucher les fruits et légumes et à effectuer d'autres tâches demandant de la précision.

4. COUTEAU SANTOKU
Conçu pour hacher et trancher finement les aliments pour les plats asiatiques. Sa lame est plus courte, plus fine et plus droite que celle d'un couteau de chef.

5. COUTEAU DENTELÉ
Il permet de couper les fruits à chair tendre, les tomates et les petits pains sans les écraser.

6. COUTEAU À STEAK
C'est un couteau tranchant avec une lame dentelée, utilisé à table lorsqu'il y a de la viande.

7. COUTEAU TOUS USAGES À mi-chemin entre le couteau de chef et le couteau d'office, il est pratique pour couper les légumes en julienne ou détailler de la viande, des oignons ou du céleri en dés.

8. COUTEAU À FROMAGE
Couteau à double pointe dont on se sert pour couper le fromage en morceaux, puis pour le piquer. On le pose sur la planche à fromages.

9. COUTEAU À DÉSOSSER
Sa lame peut être grande et rigide pour découper des viandes avec des os lourds, ou bien étroite et souple pour les viandes aux petits os délicats. Si vous voulez un modèle polyvalent, optez pour une lame légèrement flexible.

10. GRAND COUTEAU DENTELÉ (COUTEAU À PAIN) La lame de ce couteau doit mesurer au moins 20 cm de long. Il est préférable qu'elle soit finement dentelée plutôt qu'en dents de scie afin de couper les croûtes épaisses et les mies tendres sans les écraser. Ce couteau est également utile pour les gâteaux et les tartes.

11. COUTEAU FILET DE SOLE Couteau avec une lame fine et flexible qui doit rester très tranchante, dont on se sert pour séparer les filets d'un poisson de l'arête centrale.

12. FUSIL À AIGUISER
Utilisé correctement, il vous permettra d'avoir des couteaux bien affûtés. C'est un investissement qui en vaut la peine ; le prix est un bon indicateur de qualité.

ENTRETIEN

Pour que les lames de vos couteaux restent affûtées, ne les rangez pas avec d'autres couteaux ou articles de coutellerie, mais gardez-les séparément. Placez-les sur une barre aimantée, dans un porte-couteau en bois ou bien dans des protège-lames. Utilisez uniquement vos couteaux sur des planches à découper. Ne les mettez pas au lave-vaisselle car cela risque d'émousser le fil et d'abîmer le manche.

AIGUISER SES COUTEAUX

PLUS LE COUTEAU EST TRANCHANT, PLUS IL EST EFFICACE. AVANT CHAQUE EMPLOI, AFFÛTEZ TOUJOURS BIEN LES LAMES AVEC UN FUSIL À AIGUISER. PASSEZ LE FIL DU COUTEAU DE BAS EN HAUT SUR L'AVANT PUIS SUR L'ARRIÈRE DU FUSIL À AIGUISER, À PLUSIEURS REPRISES. SI C'EST NÉCESSAIRE, AIGUISEZ DE NOUVEAU VOS COUTEAUX SUR UNE PIERRE À AIGUISER OU UN AIGUISEUR ÉLECTRIQUE. POUR UN AIGUISAGE LE PLUS EFFICACE POSSIBLE, TENEZ LE COUTEAU À UN ANGLE DE 22 DEGRÉS. EN NE PROCÉDANT PAS CORRECTEMENT, VOUS RISQUEZ D'USER LE BORD DU COUTEAU. SI VOUS AVEZ UN DOUTE, FAITES-LES AIGUISER PAR UN PROFESSIONNEL.

Q+R

JE VEUX M'ÉQUIPER EN MATÉRIEL DE CUISINE MAIS JE N'AI PAS UN GROS BUDGET. DOIS-JE ACHETER UN SET DE COUTEAUX BON MARCHÉ EN ATTENDANT DE POUVOIR M'EN OFFRIR UN DE MEILLEURE QUALITÉ ?

Avec les couteaux, vous en avez pour votre argent. Si vous y mettez le prix, vous pourrez les garder à vie. Mieux vaut n'acheter qu'un seul couteau de chef de bonne qualité au départ – et un fusil à aiguiser – et ajouter les autres couteaux que nous vous recommandons au fur et à mesure. Guettez les soldes car il y a souvent des remises importantes sur les ustensiles de cuisine haut de gamme.

MATÉRIEL

Utile mais pas indispensable

POÊLE-GRIL Généralement en fonte ou en titane, elle possède un fond strié pour que l'excédent de graisse de la viande puisse s'égoutter pendant la cuisson. Elle est très pratique si vous n'avez pas de barbecue.

GRIL D'INTÉRIEUR Habituellement carré ou rectangulaire, il peut être posé sur un ou deux brûleurs et remplacer la cuisson au barbecue si vous n'en possédez pas.

POÊLE À OMELETTE/ CRÊPE Elle vous servira souvent si vous aimez faire des omelettes ou des crêpes.

MARMITE Cette grande casserole profonde avec deux poignées est utile pour préparer de grandes quantités de bouillon, de soupe, de pâtes et de haricots, mais aussi pour pocher des poulets entiers, des crabes, des homards et des moules. Vous pouvez y réaliser des ragoûts, des currys ou des viandes en sauce pendant le week-end, puis les congeler en portions pour différents repas. Cet ustensile peut également servir à la confection de confitures et de chutneys.

ESSOREUSE À SALADE Elle est idéale pour laver et faire sécher des feuilles de salade, des herbes fraîches et du chou râpé. Elle est bien plus efficace que d'envelopper les feuilles lavées dans un torchon noué que l'on fait tournoyer autour de sa tête.

MANDOLINE Il existe trois types de mandolines : les mandolines en V, les mandolines japonaises et les mandolines de type professionnel. Les mandolines japonaises sont vendues en deux largeurs différentes. Moins chères que les mandolines de type professionnel, elles sont tout aussi efficaces.

COUTEAU À JAMBON Sa lame longue et souple permet de s'adapter aux courbes d'un rôti ou d'un jambon.

PRESSE-PURÉE Parfait pour écraser des légumes, cet ustensile similaire à un grand presse-ail vous permettra d'obtenir des purées sans grumeaux.

THERMOMÈTRE À VIANDE Il vous permettra de faire cuire des rôtis et des gros morceaux de viande selon la cuisson désirée.

THERMOMÈTRE À FOUR Il vous permettra de vérifier que votre four indique la bonne température.

THERMOMÈTRE À SUCRE Il est indispensable si vous aimez faire de la pâtisserie.

MINUTEUR Il vous sera utile si votre four n'est pas équipé d'une minuterie, ou pour ne pas avoir à surveiller votre montre pendant les temps de refroidissement ou de repos indiqués dans une recette.

WOKS

LES WOKS À FOND ÉPAIS ET PLATS conviennent parfaitement aux plaques de cuisson électriques car la surface en contact avec la chaleur est importante, tandis que les woks en acier au carbone avec une base arrondie sont plus adaptés aux cuisinières à gaz. Les woks avec un manche en bois sont les plus pratiques à utiliser.

LES WOKS EN FONTE ET EN ACIER AU CARBONE doivent être débarrassés de la couche protectrice qui les recouvre avant leur première utilisation. Remplissez le wok aux trois quarts avec de l'eau chaude additionnée de 4 cuillerées à soupe de bicarbonate de soude ; laissez reposer pendant 20 minutes pour ramollir le revêtement puis frottez énergiquement. Une fois nettoyé, un nouveau wok doit être « culotté » avant emploi afin d'éviter que les aliments n'attachent. Essuyez toute la surface intérieure avec un chiffon doux ou une brosse en bambou pour wok, imbibé d'huile d'arachide. Faites chauffer vivement le wok puis inclinez-le avec précaution jusqu'à ce que la surface entière soit en contact avec la chaleur pour faire brûler l'huile. Laissez refroidir complètement le wok, puis rincez-le à l'eau chaude et répétez l'opération. Ne nettoyez jamais un wok avec une éponge métallique ou avec des détergents abrasifs. Lavez-le à l'eau très chaude avec une éponge ou une brosse. Après chaque utilisation, essuyez l'intérieur du wok avec un peu d'huile et du papier absorbant pour éviter qu'il ne rouille. Couvrez la surface huilée de film plastique pour qu'elle ne devienne pas poussiéreuse.

MATÉRIEL POUR LA PÂTISSERIE

SI VOUS AIMEZ LA PÂTISSERIE, VOUS AVEZ TOUT INTÉRÊT À VOUS PROCURER LES USTENSILES SUIVANTS.

MOULES Vous avez le choix entre les moules simples en aluminium, sans revêtement, les moules antiadhésifs et les moules en silicone.

MOULES À CHARNIÈRE Moules ronds dont le contour est fixé à la base par une charnière et peut en être séparé afin de faciliter le démoulage, notamment pour les cheese-cakes et les gâteaux fragiles. Dans un premier temps, achetez un moule d'un diamètre de 20 cm.

MOULES À BROWNIE Idéals pour les gâteaux à cuisson rapide, généralement moins de 30 minutes, ces moules rectangulaires peu profonds vous serviront pour préparer des brownies ou des carrés. Un moule de 19 x 29 cm est très polyvalent.

MOULES À GÂTEAU Ils peuvent être carrés, ronds, rectangulaires, mais on en trouve aussi dans des formes plus fantaisistes : cœurs, étoiles... Commencez par acheter deux moules ronds à bord haut (à manqué) de 20 cm de diamètre et deux moules carrés à bord haut de 19 cm de côté. Un moule à cake d'environ 21 x 14 cm est également utile. Si vous avez besoin d'un moule de forme originale qui ne vous servira sans doute qu'une fois, la location peut être une bonne solution.

MOULES À MUFFIN Il en existe de différentes tailles pour les mini muffins, les maxi muffins et les muffins de taille standard. Les moules de taille moyenne sont utilisés pour réaliser des cupcakes.

MOULES À TARTE Les moules à tarte possèdent généralement un bord évasé, lisse ou cannelé, et conviennent aussi bien pour les recettes de tartes sucrées que pour celles de tartes salées. Ils peuvent être en verre, en céramique et en métal.

MOULES À TARTELETTE Modèles miniatures des moules à tarte, ils sont très utiles pour faire des tartelettes bien sûr, mais aussi des mini pizzas et des mini quiches.

MOULES COURONNE Moules ronds avec un trou au milieu, qui permettent la cuisson de la pâte à gâteau par le centre et les côtés. Ils peuvent être lisses, comme le moule à baba ou à savarin, ou bien cannelés, comme le moule à kouglof. Vous pouvez au départ n'acheter qu'un moule couronne simple d'un diamètre de 20 cm.

PETITS MOULES De forme ovale, rectangulaire ou ronde, ces petits moules servent à la confection de cakes, de petits gâteaux, de financiers...

PLAQUES DE FOUR Plaques avec des rebords très bas qui permettent de faire dorer uniformément des biscuits.

Décorations

POCHES À DOUILLE & EMBOUTS Les poches à douille existent en différents matériaux et tailles. On trouve également toutes sortes d'embouts de formes et de tailles variées, qui permettent d'obtenir de multiples effets. Certaines poches à douille sont munies d'un pas de vis pour pouvoir changer les embouts.

SERINGUES À PÂTISSERIE Le glaçage peut être placé dans une seringue munie d'une douille à son extrémité pour réaliser des décorations en tout genre.

FORMES

EMPORTE-PIÈCE En métal ou en plastique, ils permettent de découper biscuits, pâtisseries et scones, mais mieux vaut investir dans des emporte-pièce en métal car ils coupent la pâte plus nettement et ont une durée de vie plus longue. Il en existe de nombreuses formes, des plus simples au plus originales.

ROULETTES À PÂTE Elles permettent de découper proprement les pâtes avec une bordure ondulée ou cannelée.

ASTUCE

Les ustensiles de cuisine et de pâtisserie ne doivent pas nécessairement être neufs. Soyez à l'affût des vide-greniers et des marchés près de chez vous ; vous pourrez y trouver des plats, des moules et divers accessoires de cuisine d'occasion. Avant d'acheter, vérifiez bien que les trésors que vous dénichez ne sont pas rouillés.

MATÉRIEL ÉLECTRIQUE

ROBOT DE CUISINE

Cet appareil est capable d'accomplir un grand nombre de tâches : émincer, réduire en purée, presser, moudre, pétrir, hacher la viande, faire de la chapelure, ou encore réaliser des tranches épaisses ou aussi fines que du papier avec l'utilisation de disques. Il peut également râper même le plus dur et le plus sec des fromages. Un robot de cuisine présente beaucoup d'avantages, mais aussi des inconvénients.
Il ne permet pas de battre de la crème ou des blancs d'œufs, et n'est pas très efficace pour hacher des légumes. Et évitez de vous en servir pour faire de la purée de pommes de terre : vous obtiendriez une pâte collante.

Batteurs électriques

Si vous y mettez le prix, vous pouvez acheter des appareils colorés dernier cri. Il existe deux types de batteurs électriques : les batteurs sur socle, comprenant un bol reposant sur une base et équipés de un ou de deux fouets, et les batteurs à main. Si vous faites régulièrement de la pâtisserie, un batteur sur socle est pratique car il est plus puissant et vous permettra de vaquer à d'autres tâches pendant que vos préparations seront battues.
Il vous sera également utile si vous aimez préparer votre pain vous-même ; avec le crochet à pâte du batteur sur socle, la durée de pétrissage sera réduite de moitié au moins.
Le batteur à main est, quant à lui, idéal pour battre de petites quantités. Il peut être utilisé dans n'importe quel saladier ou casserole, et se manœuvre plus facilement dans la préparation que vous battez pour atteindre tous les recoins du récipient.
Les gens qui cuisinent beaucoup possèdent généralement les deux types d'appareils. Si vous hésitez entre plusieurs modèles, privilégiez la puissance.

MIXEURS

On trouve deux sortes de mixeurs sur le marché.
Le blender, composé d'un grand récipient à bord haut reposant sur un socle équipé de lames.
Il permet d'obtenir des purées très onctueuses, des soupes et des sauces sans morceaux, des milk-shakes et des smoothies. Pour réaliser de petites quantités de mayonnaise ou de sauce hollandaise, mieux vaut utiliser un blender qu'un robot de cuisine car une partie des jaunes d'œufs risque d'être perdue sous les lames du robot.
L'autre type de mixeur est le mixeur plongeant. C'est un petit mixeur constitué d'un pied muni de lames à son extrémité et fixé à un manche contenant un moteur. Il permet de mixer des aliments ou de faire mousser des boissons ou du lait chaud pour un cappuccino dans n'importe quel récipient. Mieux encore, il vous permettra de transformer une soupe pleine de morceaux en une soupe onctueuse directement dans la casserole, et vous évitera d'avoir à la transvaser dans un blender par petites quantités.
La plupart des cuisiniers ont un blender et un mixeur plongeant.

CONSERVATION & CONGÉLATION

Q+R

J'AI PEU DE PLACARDS DANS MA CUISINE, ET TOUTES SORTES DE RÉCIPIENTS DE TAILLES DIFFÉRENTES QUI PRENNENT BEAUCOUP DE PLACE. QUE FAIRE ?

Pensez horizontal plutôt que vertical, et investissez dans un ensemble de boîtes de conservation rectangulaires en plastique transparent (celles qui ferment avec des clips en plastique sont très bien). Achetez des boîtes de même taille que vous pouvez empiler, et utilisez-les pour stocker de la farine, du sucre et d'autres denrées généralement conservées dans des emballages plus grands. Collez une étiquette sur le côté le plus petit de chaque boîte, visible lorsque les boîtes sont superposées, et placez les ingrédients dont vous vous servez le plus souvent vers le haut. Vous serez sans doute surpris du nombre d'aliments que vous parviendrez à faire entrer dans vos placards.

Congeler des aliments cuits au four

MÊME S'ILS SONT MEILLEURS LE JOUR MÊME DE LEUR CUISSON AU FOUR, LES PAINS ET LES PÂTISSERIES FAITS MAISON PEUVENT ÊTRE CONGELÉS. POUR DES RAISONS PRATIQUES, VOUS POUVEZ COUPER LE PAIN EN TRANCHES AVANT DE LE CONGELER AFIN DE POUVOIR LE CONSOMMER PETIT À PETIT. LAISSEZ DÉCONGELER LES PAINS ET LES PÂTISSERIES À TEMPÉRATURE AMBIANTE. SI VOUS LE SOUHAITEZ, PLACEZ VOS PÂTISSERIES SUR UNE PLAQUE DE FOUR, COUVREZ-LES DE PAPIER D'ALUMINIUM SANS SERRER ET FAITES-LES CHAUFFER PENDANT 5 MINUTES DANS UN FOUR À 160 °C.

PRENEZ GARDE À LA VERMINE

Conservez les aliments secs dans des boîtes en plastique, en verre ou en métal pour les protéger des insectes comme les fourmis, les mites alimentaires et les charançons. Si vous avez des problèmes de souris ou de rats, la seule solution est d'utiliser des boîtes en métal ou en verre avec des couvercles en métal car les souris et les rats peuvent ronger le plastique. Ne jetez pas vos boîtes à biscuits vides : elles sont très utiles pour conserver les aliments.

DURÉES DE CONGÉLATION

Tous les aliments qui sont congelés ont une date limite de consommation. Si vous la dépassez, leur texture et leur saveur risquent d'être affectées. Les aliments congelés trop longtemps peuvent perdre leur humidité et devenir secs et durs. Correctement emballés, la plupart des aliments peuvent être congelés sans danger entre 1 et 12 mois entre –15 et –18 °C, selon leur type. Pensez à consulter la notice de votre réfrigérateur ; on y trouve désormais souvent des informations concernant les durées de congélation de certains aliments.

HYGIÈNE

Á FAIRE & Á NE PAS FAIRE

À FAIRE

LAVEZ-VOUS LES MAINS avec du savon et de l'eau chaude avant de manipuler des aliments.

RECOUVREZ LES COUPURES sur vos mains avec des pansements résistants à l'eau.

LAVEZ-VOUS LES MAINS après avoir manipulé des aliments crus : viande, volaille, poisson, fruits de mer, légumes.

LAISSEZ DÉCONGELER LES ALIMENTS au réfrigérateur ou au micro-ondes puis faites-les cuire sans tarder.

CONSERVEZ LES ALIMENTS CRUS à l'écart des aliments cuits prêts à être consommés.

LAVEZ LES PLATS ET LES CASSEROLES sales le plus rapidement possible après les avoir utilisés.

UTILISEZ DES ÉPONGES ET DES TORCHONS différents pour nettoyer la cuisine, pour faire la vaisselle et pour faire la cuisine.

LAVEZ SOUVENT vos éponges et vos torchons pour la cuisine avec du désinfectant pour linge, puis laissez-les sécher au soleil, dans la mesure du possible.

TAPISSEZ DE PAPIER ABSORBANT le fond des bacs à légumes de votre réfrigérateur afin d'absorber l'humidité des fruits et des légumes et de les garder plus frais.

À NE PAS FAIRE

N'UTILISEZ PAS les mêmes assiettes, saladiers et ustensiles pour les aliments crus et pour ceux prêts à être consommés, sauf si vous les lavez et séchez avec soin au préalable.

NE LAISSEZ PAS des restes de repas dans la cuisine pendant des heures ; placez-les au réfrigérateur ou au congélateur dans l'heure qui suit leur cuisson.

NE MANGEZ PAS de fruits et de légumes sans les avoir lavés au préalable.

Dehors

À FAIRE Pensez à retirer la viande, la volaille, le poisson ou les fruits de mer du barbecue une fois qu'ils sont cuits pour les déposer sur un plat propre (pas le même que celui sur lequel étaient posés les aliments crus).

À NE PAS FAIRE Ne vous servez pas d'un reste de marinade dans laquelle vous avez laissé tremper de la viande, de la volaille, du poisson ou des fruits de mer crus en guise de sauce car il peut contenir des bactéries nocives. Faites d'abord bouillir la marinade pendant plusieurs minutes, ou bien réservez-en une partie avant d'y laisser tremper les aliments crus.

3 CONSEILS POUR ALLER FAIRE LES COURSES

1

Vérifiez toujours la « date limite de consommation » et la « date de consommation recommandée ».

2

Méfiez-vous des emballages de produits frais gonflés car c'est le signe que leur contenu est en train de s'abîmer. Les jus frais, les fromages, les yaourts et les pâtes fraîches contiennent tous des bactéries inoffensives au moment de leur conditionnement, mais un emballage gonflé signifie qu'elles se sont développées et ont produit des gaz. C'est généralement parce que les aliments ont été conservés à une température trop élevée pendant un certain temps, ou que leur date de péremption est imminente.

3

Examinez l'aspect des produits frais conservés dans des emballages transparents. Certaines moisissures peuvent se développer au réfrigérateur.

FAIRE LES COURSES

FAIRE SES COURSES EFFICACEMENT ET LES CONSERVER INTELLIGEMMENT PERMET D'ÉVITER LE STRESS, DE NE PAS DÉPASSER SON BUDGET ET DE PRÉVOIR DES REPAS FACILES ET RAPIDES À PRÉPARER.

Liste

COMMENCEZ PAR FAIRE UNE LISTE. Une liste est indispensable pour bien faire ses courses de nourriture. Gardez votre liste à portée de main en la fixant par exemple sur la porte du réfrigérateur avec un aimant, et prenez l'habitude de la compléter dès que de nouveaux produits vous viennent à l'esprit. Vous pouvez même être encore plus organisé en dressant sur votre ordinateur une liste de base composée des produits que vous utilisez le plus, et en l'imprimant chaque semaine ; il vous suffira alors de cocher ce dont vous avez besoin. Si vous avez le temps ou l'envie, vous pouvez vous en servir comme base pour faire l'inventaire de votre réfrigérateur et de vos placards afin de savoir ce que vous avez déjà, et les produits qui approchent de leur date limite de consommation. Cela peut sembler contraignant, mais vous verrez qu'à long terme ces astuces vous feront gagner du temps.

CONSEILS

Rangez toujours la viande, la volaille, les poissons et les fruits de mer frais au réfrigérateur dès que vous arrivez chez vous. Laissez-les dans les barquettes des supermarchés sous atmosphère protectrice ou bien conservez-les dans des récipients fermés hermétiquement, en vous assurant qu'ils ne peuvent pas goutter sur d'autres aliments. Dans l'idéal, mettez-les sur l'étagère du bas de votre réfrigérateur ou bien dans un bac à légumes réservé à cet effet.

Achetez un bon stock de boîtes de conservation en plastique de différentes tailles équipées de couvercles pour conserver les denrées périssables au réfrigérateur et au congélateur. Pour économiser de la place, préférez les boîtes carrées ou rectangulaires aux rondes.

PRÉVOIR LES REPAS À L'AVANCE

Prenez le temps et la peine de planifier vos repas afin de savoir exactement ce dont vous avez besoin quand vous allez faire vos courses. Il est inutile de le faire toutes les semaines ; vous pouvez prévoir des menus pour deux semaines ou un mois par exemple, puis alterner ou les ajuster selon les changements d'emploi du temps de votre famille et la saisonnalité des produits. Dressez votre liste de courses en fonction des menus que vous avez prévus ; vous éviterez ainsi le gaspillage et les courses de dernière minute.

2.

maîtriser les techniques

Nombreuses sont les personnes qui n'ont jamais appris à effectuer correctement les tâches auxquelles elles sont confrontées quotidiennement en cuisine. C'est pourtant très utile. Savoir bien couper les aliments vous permettra de gagner du temps, tout comme réaliser des bouillons et des sauces maison vous distinguera des autres cuisiniers amateurs. Ce n'est pas difficile, cela demande juste un peu de patience et de pratique, mais vous remarquez la différence : les soupes préparées à base d'excellents bouillons sont absolument délicieuses.

HACHER

QUE LA RECETTE INDIQUE D'ÉMINCER, DE TRANCHER OU DE DÉTAILLER EN DÉS LES INGRÉDIENTS, IL EST GÉNÉRALEMENT IMPORTANT DE LES COUPER EN MORCEAUX DE TAILLE UNIFORME.

5 ÉTAPES POUR HACHER DES LÉGUMES

CETTE MÉTHODE FONCTIONNE BIEN AVEC LES LÉGUMES COMME LES POMMES DE TERRE, LES NAVETS ET LES CAROTTES.

1

Tenez fermement le légume d'une main et repliez les doigts vers l'intérieur pour pouvoir guider le couteau avec vos articulations sans risque de vous couper.

2

Utilisez un couteau bien aiguisé (non dentelé) et coupez les bords arrondis du légume pour obtenir un rectangle.

3

Coupez le légume dans la longueur en tranches de taille égale.

4

Empilez les tranches puis coupez-les en bandes dans la longueur – vous obtiendrez des bâtonnets. Pour tailler un légume en julienne, coupez-le plus finement aux étapes 3 et 4.

5

Pour couper un légume en dés, rassemblez les bandes de façon que leurs extrémités soient alignées, puis coupez-les dans l'autre sens.

ASTUCES

LORSQU'UNE RECETTE INDIQUE DE « HACHER FINEMENT », VOUS DEVEZ OBTENIR DES DÉS D'ENVIRON 0,5 CM DE CÔTÉ. « HACHER GROSSIÈREMENT », C'EST COUPER EN DÉS D'ENVIRON 1,5 CM. « TAILLER EN JULIENNE » SIGNIFIE COUPER EN ALLUMETTES D'ENVIRON 0,5 CM DE LARGE ET JUSQU'À 5 CM DE LONG.

RUBANS

Pour réaliser des rubans – des bandes de légumes longues et fines, idéales pour les salades –, épluchez le légume (carotte ou concombre, par exemple) dans la longueur avec un épluche-légumes bien tranchant.

Lanières

Pour détailler en fines lanières des feuilles, comme de la laitue, des épinards ou des herbes, empilez plusieurs feuilles puis roulez-les sur elles-mêmes. À l'aide d'un couteau tranchant, coupez le rouleau aussi finement que nécessaire, puis séparez les lanières.

Mandoline

L'utilisation d'une mandoline permet de tailler facilement des légumes en tranches d'épaisseur égale. Soyez prudent car c'est un ustensile très tranchant.

COMMENT HACHER DES HERBES

- Détachez les feuilles des tiges avec vos doigts.
- Empilez les feuilles sur une planche à découper.
- Utilisez un couteau de chef en guise de pivot ; pressez la pointe contre la planche à découper pour ne pas risquer de vous blesser, puis hachez en effectuant un mouvement de balancier.
- Passez le couteau d'un côté à l'autre sur les herbes jusqu'à ce qu'elles soient hachées à la taille souhaitée.

ASTUCE

QUAND VOUS HACHEZ DES LÉGUMES, CONSERVEZ LES RESTES ET CONGELEZ-LES POUR UN EMPLOI ULTÉRIEUR ; VOUS POURREZ VOUS EN SERVIR POUR PRÉPARER DES BOUILLONS.

Herbes en lanières
Rubans
Herbes finement hachées
Allumettes (julienne)
FINEMENT HACHÉ
BÂTONNETS
Grossièrement haché

PRÉPARER UN BOUILLON

LES DIFFÉRENTS BOUILLONS

ON PEUT FAIRE DES BOUILLONS DE VIANDE, DE VOLAILLE, DE POISSON OU DE LÉGUMES.

LES BOUILLONS DE VIANDE SE PRÉPARENT EN FAISANT MIJOTER DANS DE L'EAU DES OS CHARNUS (GÉNÉRALEMENT DE BŒUF OU DE VEAU, MAIS PARFOIS AUSSI D'AGNEAU) ET DES PARURES AVEC DES LÉGUMES ET DES HERBES AROMATIQUES AFIN D'EN EXTRAIRE LA SAVEUR.

LES BOUILLONS DE VOLAILLE ET DE POISSON SONT FAITS DE LA MÊME MANIÈRE.

POUR RÉALISER UN BOUILLON DE LÉGUMES, ON FAIT SIMPLEMENT MIJOTER DES LÉGUMES ET DES HERBES DANS DE L'EAU.

Pourquoi préparer des bouillons ?

UN BOUILLON DE QUALITÉ PERMET DE RÉALISER DE DÉLICIEUX RAGOÛTS, SOUPES ET SAUCES. ON TROUVE D'EXCELLENTS BOUILLONS DANS LE COMMERCE, ET IL EST CONSEILLÉ D'EN AVOIR TOUJOURS EN RÉSERVE CHEZ SOI, MAIS SI VOUS DEVEZ SURVEILLER VOTRE APPORT EN SEL ET VOTRE BUDGET, CELA VAUT LA PEINE DE CONSACRER UN PEU DE TEMPS À LES PRÉPARER VOUS-MÊME.

Même les bouillons du commerce à teneur allégée en sel sont salés, et les bouillons haut de gamme que l'on trouve dans les épiceries fines peuvent coûter très cher. Faire ses bouillons maison est facile et économique. Cela demande un peu de temps, mais le plus long est de faire mijoter le bouillon à petit feu dans une marmite ; vous pouvez vaquer à d'autres occupations pendant ce temps. Congelez vos réserves de bouillons maison à faible teneur en sel par petites portions ; vous ne pourrez rapidement plus vous en passer. Et quand vous aurez constaté la différence de goût des plats que vous préparez avec des bouillons maison, plus jamais vous ne reviendrez en arrière.

SI VOUS ÊTES PRIS PAR LE TEMPS...

Vous pouvez aussi remplacer nos recettes par un bouillon déjà préparé comme Maggi® ou Knorr®. Vous pouvez également opter pour Menu Bleu®, Tradichef®, Primeal®, ou encore Ariaké® qui vous proposent des gammes bio et haut de gamme. Vous trouverez ces derniers dans les magasins spécialisés.

4 ÉTAPES POUR RÉUSSIR SES BOUILLONS

1

Pour préparer un bouillon, commencez toujours par remplir une marmite d'eau froide. Plongez-y les ingrédients et portez l'eau à ébullition sans couvrir. Baissez le feu et laissez mijoter le bouillon à découvert pendant le temps requis. Pour un bouillon de viande, faites rôtir au four les os charnus de bœuf ou de veau sans couvrir, jusqu'à coloration. Pour un goût encore plus riche, faites dorer les légumes – généralement des oignons, du céleri et des carottes – au four avec la viande. Pour d'autres bouillons, vous pouvez faire dorer ou suer les légumes à la poêle, ou dans votre marmite si son fond est épais, afin d'en extraire le plus de saveurs possible.

2

Un bouillon de poisson doit mijoter pendant 20 à 30 minutes, un bouillon de légumes pendant 1 heure, un bouillon de volaille pendant 1 à 2 heures et un bouillon de bœuf pendant 4 à 6 heures.

3

Après avoir laissé mijoter les os et/ou les légumes, filtrez le bouillon pour éliminer les morceaux puis versez-le dans un saladier. Placez le bouillon au réfrigérateur jusqu'à ce qu'il soit bien froid, puis retirez la couche de graisse solidifiée en surface.

4

Tous les bouillons se conservent au réfrigérateur jusqu'à 2 jours, et au congélateur jusqu'à 3 mois.

ASTUCE

IL N'EST PAS NÉCESSAIRE D'ÉPLUCHER LES LÉGUMES POUR UN BOUILLON. IL SUFFIT DE LES LAVER PUIS DE LES HACHER GROSSIÈREMENT ; POUR AJOUTER DE LA COULEUR, LAISSEZ LA PEAU DES OIGNONS.

TEMPS DE PRÉPARATION D'UN BOUILLON

LES BOUILLONS DE VIANDE ET DE VOLAILLE NÉCESSITENT DES HEURES DE CUISSON À PETIT FEU POUR EXTRAIRE LA GÉLATINE DES OS ET OBTENIR UNE SAVEUR RICHE. LES BOUILLONS DE POISSON ET DE LÉGUMES NE DOIVENT MIJOTER QUE PENDANT UNE COURTE DURÉE : ILS N'AURONT PAS PLUS DE GOÛT SI VOUS LES FAITES CUIRE LONGTEMPS ET RISQUENT MÊME DE PERDRE DE LEUR FRAÎCHEUR.

OS

Les os sont la base d'un bon bouillon. Vous pouvez vous procurer des os de bœuf et de poulet chez le boucher, et au rayon boucherie de certains supermarchés. Pour les bouillons de volaille, vous pouvez aussi utiliser les carcasses de vos poulets rôtis. Quant aux arêtes de poisson, demandez à votre poissonnier ou au rayon poissonnerie de votre supermarché d'en mettre de côté pour vous.

BOUILLON DE BŒUF

TEMPS DE PRÉPARATION + CUISSON 6 H 30 (+ REFROIDISSEMENT & RÉFRIGÉRATION)
POUR 3,5 LITRES

- 2 kg d'os de bœuf charnus
- 2 oignons jaunes, moyens (300 g), grossièrement hachés
- 2 branches de céleri (300 g) parées et grossièrement hachées
- 2 carottes moyennes (240 g), grossièrement hachées
- 5,5 litres d'eau
- 3 feuilles de laurier séchées
- 2 cuillerées à café de poivre noir en grains
- 3 litres d'eau, en supplément

1. Préchauffez le four à 200 °C (th. 6-7).
2. Faites rôtir les os et les légumes dans un plat à rôtir non couvert pendant 1 heure ou jusqu'à ce qu'ils soient dorés.
3. Placez les os et les légumes dans une grande marmite avec l'eau, les feuilles de laurier et le poivre. Portez à petite ébullition à feu vif, puis baissez à feu doux et laissez mijoter sans couvrir pendant 3 heures, en écumant de temps en temps. Ajoutez un peu d'eau et laissez mijoter sans couvrir pendant 2 heures. Filtrez le bouillon dans une passoire placée au-dessus d'un grand saladier résistant à la chaleur, et jetez les morceaux. Laissez refroidir le bouillon, couvrez-le et placez-le au réfrigérateur. Avant emploi, éliminez la couche de graisse en surface.

BOUILLON DE POULET

TEMPS DE PRÉPARATION + CUISSON 2 H 20 (+ REFROIDISSEMENT & RÉFRIGÉRATION)
POUR 3,5 LITRES

- 2 kg d'os de poulet
- 2 oignons jaunes, moyens (300 g), grossièrement hachés
- 2 carottes moyennes (240 g), grossièrement hachées
- 2 branches de céleri (300 g) parées et grossièrement hachées
- 2 carottes moyennes (240 g), grossièrement hachées
- 3 feuilles de laurier séchées
- 2 cuillerées à café de poivre noir en grains
- 5 litres d'eau

1. Mettez les ingrédients dans une grande marmite et portez à frémissement à feu vif. Baissez à feu doux et laissez mijoter sans couvrir pendant 2 heures, en écumant de temps en temps.
2. Filtrez le bouillon dans une passoire ou un tamis tapissé de mousseline et placé au-dessus d'un grand saladier résistant à la chaleur, et jetez les morceaux. Laissez refroidir un peu le bouillon, couvrez-le et placez-le au réfrigérateur jusqu'à ce qu'il soit bien froid. Avant emploi, éliminez la couche de graisse en surface.

BOUILLON DE POISSON

TEMPS DE PRÉPARATION + CUISSON 30 MIN (+ REFROIDISSEMENT & RÉFRIGÉRATION) POUR 2,5 LITRES

1,5 kg d'arêtes de poisson
3 litres d'eau
1 oignon jaune, moyen (150 g), grossièrement haché
2 branches de céleri (300 g) parées et grossièrement hachées
2 feuilles de laurier séchées
1 cuillerée à café de poivre noir en grains

1 Mettez les ingrédients dans une grande marmite et portez à frémissement à feu vif. Baissez à feu doux et laissez mijoter sans couvrir pendant 20 minutes.

2 Filtrez le bouillon dans une passoire ou un tamis tapissé de mousseline et placé au-dessus d'un grand saladier résistant à la chaleur, et jetez les morceaux. Laissez refroidir un peu le bouillon, couvrez-le et placez-le au réfrigérateur. Avant emploi, éliminez la graisse en surface.

BOUILLON DE LÉGUMES

TEMPS DE PRÉPARATION + CUISSON 1 H 40 (+ REFROIDISSEMENT & RÉFRIGÉRATION) POUR 3,5 LITRES

4 oignons jaunes, moyens (600 g), grossièrement hachés
2 grosses carottes (360 g), grossièrement hachées
2 gros panais (700 g), grossièrement hachés
10 branches de céleri (1,5 kg) parées et grossièrement hachées
4 feuilles de laurier séchées
2 cuillerées à café de poivre noir en grains
6 litres d'eau

1 Mettez les ingrédients dans une grande marmite et portez à petite ébullition à feu vif. Baissez à feu doux et laissez mijoter sans couvrir pendant 1 heure 30.

2 Filtrez le bouillon dans une passoire ou un tamis tapissé de mousseline et placé au-dessus d'un grand saladier résistant à la chaleur, et jetez les morceaux. Laissez refroidir un peu le bouillon, couvrez-le et placez-le au réfrigérateur jusqu'à ce qu'il soit bien froid. Avant emploi, éliminez la couche de graisse en surface.

LE PHO (SE PRONONCE « FEU ») EST UNE SOUPE VIETNAMIENNE SIMPLE TRADITIONNELLEMENT CONSOMMÉE AU PETIT DÉJEUNER. BO SIGNIFIE « BŒUF ». LE GOÛT DE LA SOUPE PROVIENT DES OS DE BŒUF ET DES DIFFÉRENTES ÉPICES UTILISÉES POUR LA PRÉPARER. LA MIJOTEUSE PERMET D'EXTRAIRE FACILEMENT UN MAXIMUM DE SAVEURS.

Il est important de détailler le bœuf en tranches très fines pour qu'elles soient cuites par le bouillon. Placez le bœuf au congélateur pendant 20 minutes afin de l'affermir légèrement ; il sera ainsi plus facile à découper (ne le laissez pas trop longtemps, sinon il sera trop dur).

PHO BO

TEMPS DE PRÉPARATION + CUISSON 6 HEURES • POUR 4 PERSONNES

1 kg d'os de bœuf coupés en morceaux
1 gros oignon jaune (200 g), grossièrement haché
5 cm de gingembre frais (25 g), grossièrement haché
2,5 litres d'eau bouillante
6 étoiles d'anis
2 bâtons de cannelle
10 clous de girofle
2 cuillerées à soupe de graines de coriandre
60 ml de nuoc-mâm (ou de nam pla)
60 ml de jus de citron vert
2 cuillerées à soupe de sucre roux
200 g de nouilles de riz plates
250 g de filet de bœuf, détaillé en fines tranches
160 g de pousses de haricot mungo
8 cuillerées à soupe de feuilles de menthe fraîche
8 cuillerées à soupe de feuilles de coriandre fraîche
8 cuillerées à soupe de feuilles de menthe vietnamienne fraîche
2 piments rouges longs, coupés en fines tranches

1 Mettez les os, l'oignon et le gingembre dans une mijoteuse d'une contenance de 4,5 litres avec 1 litre d'eau. Couvrez et faites cuire à température élevée pendant 2 heures.

2 Ajoutez le reste de l'eau, les étoiles d'anis, les bâtons de cannelle, les clous de girofle et les graines de coriandre. Couvrez et faites cuire à température élevée pendant 3 heures. Ajoutez le nuoc-mâm, le jus de citron vert et le sucre. Filtrez la préparation dans un tamis tapissé de mousseline ou un torchon en lin ; jetez les morceaux.

3 Placez les nouilles de riz dans un saladier résistant à la chaleur et recouvrez-les d'eau bouillante. Laissez-les ramollir pendant 15 minutes environ puis égouttez.

4 Répartissez les nouilles et le bœuf dans des bols de service. Ajoutez la soupe chaude par-dessus avec une louche, parsemez de pousses de haricot mungo, d'herbes fraîches et de piment.

SAUCES

Préparer des sauces parfaites

FAMILIARISEZ-VOUS AVEC LES TECHNIQUES pour faire des sauces maison ; vous serez rapidement capable de les réaliser en un tour de main pour ajouter de la saveur et agrémenter des plats en tout genre, aussi bien classiques que modernes.

PLUS VOUS PRÉPAREZ UNE SAUCE souvent, mieux vous saurez quand vous devrez la fouetter énergiquement, ce qu'il faut faire pour prévenir la formation de grumeaux ou reconnaître le moment où elle est sur le point de tourner. Avec le temps et la pratique, cela deviendra instinctif : c'est en forgeant qu'on devient forgeron.

LES SAUCES CLASSIQUES sont faites soit à base de farine, soit à base d'œufs et de beurre ; il en existe cependant de nombreuses variantes.

Sauces à base de farine

La réalisation de sauces à base de farine repose sur un roux – une préparation constituée de beurre et de farine en quantités égales – auquel on ajoute un liquide chaud. Le roux est alors absorbé par le liquide, qu'il épaissit sans former de grumeaux. Les sauces préparées à partir d'un roux varient en fonction de la durée de cuisson du roux et du type de liquide chaud qui est ajouté.

ROUX BLOND La farine et le beurre sont cuits brièvement avant l'ajout du liquide chaud.

SAUCE BÉCHAMEL Sauce blanche obtenue en ajoutant du lait chaud à un roux blond. Elle entre dans la composition des lasagnes, de la moussaka et de certains gratins ; on s'en sert pour napper du chou-fleur et on l'intègre parfois dans des soupes. La béchamel est souvent agrémentée de fromage, d'oignons et de champignons.

ROUX BRUN On fait cuire la farine et le beurre – ou de la graisse de cuisson de viande ou de volaille rôtie – jusqu'à ce qu'ils se colorent, avant d'ajouter le liquide chaud.

SAUCE AU JUS DE VIANDE On la prépare directement dans le plat à four, en ajoutant du bouillon dans un roux brun (farine + graisse de cuisson).

Sauces à base d'œufs & de beurre

SAUCE HOLLANDAISE
Elle est réalisée à partir de jaunes d'œufs et de beurre. On s'en sert principalement dans les œufs Bénédicte, ou pour accompagner des asperges ou du poisson.

SAUCE BÉARNAISE
C'est une sauce hollandaise à laquelle on ajoute quelques ingrédients (notamment de l'estragon). Elle accompagne souvent un filet de bœuf.

ASTUCES

SI, MALGRÉ TOUS VOS EFFORTS, VOTRE SAUCE CONTIENT ENCORE DES GRUMEAUX, COMMENCEZ D'ABORD PAR ESSAYER DE LA FOUETTER. SI CELA NE MARCHE PAS, MIXEZ-LA AVEC UN MIXEUR PLONGEANT DANS UNE CASSEROLE JUSQU'À CE QU'ELLE SOIT ONCTUEUSE, OU BIEN FILTREZ-LA DANS UN TAMIS FIN EN ÉCRASANT LES GRUMEAUX.

6 ÉTAPES POUR RÉUSSIR UNE BÉCHAMEL

1

Faites fondre le beurre à feu doux dans une casserole à fond épais afin qu'il garde sa couleur et ne brunisse pas.

2

Dès que le beurre est fondu, ajoutez la farine et remuez énergiquement avec une cuillère en bois jusqu'à ce qu'il soit incorporé et que la préparation soit lisse et brillante. Faites bouillir la préparation, tout en remuant, pendant environ 40 secondes.

3

Versez petit à petit la moitié du liquide chaud, en remuant sans cesse. Il doit être entièrement incorporé.

4

Ajoutez le reste de liquide en filet régulier en fouettant vigoureusement avec un fouet sans vous arrêter, en maintenant une température stable. Cela empêchera la formation de grumeaux. Assurez-vous de bien laisser bouillir la préparation pour faire épaissir la sauce.

5

Laissez cuire la préparation à feu très doux pendant 5 minutes en fouettant de temps en temps pour faire disparaître le goût de farine crue.

6

Assaisonnez à votre goût.

Sauces aux herbes

TOUT AUSSI DÉLICIEUSES QUE LES SAUCES CLASSIQUES AU BEURRE, CES SAUCES FRAÎCHES ET RAPIDES À PRÉPARER SONT TRÈS POPULAIRES CAR LA PLUPART DES GENS SE PRÉOCCUPENT DE LEUR SANTÉ.

LES SAUCES AUX HERBES REHAUSSENT LE GOÛT DES PLATS. EN VOICI PLUSIEURS PARMI NOS PRÉFÉRÉES.

PESTO Préparation italienne traditionnelle composée de basilic, de pignons de pin, d'ail, de parmesan et d'huile d'olive. Pour varier les plaisirs, vous pouvez remplacer le basilic par de la roquette et de la coriandre, et utiliser différents fruits à coque pour créer toutes sortes de délicieux pestos. Mélangez le pesto avec des pâtes ou servez-le avec de la viande, de la volaille, du poisson ou des fruits de mer, grillés ou poêlés.

SAUCE RAVIGOTE Sauce française à base de vinaigrette (vinaigre de vin blanc, moutarde de Dijon, ail et huile d'olive), additionnée d'échalotes, de câpres, de cornichons et d'une quantité importante de ciboulette, de cerfeuil et de persil hachés. Son goût piquant se marie bien avec le poisson ou le poulet grillé.

SALSA VERDE ou « sauce verte ». Elle est constituée d'un mélange d'herbes finement hachées – qui peut inclure du basilic, du persil, de la ciboulette et de la menthe – et d'anchois, d'ail, de câpres et de vinaigre ou de jus de citron.

PISTOU Sauce provençale similaire au pesto mais ne contenant pas de pignons de pin ni de parmesan. On peut l'ajouter dans des soupes ou la servir avec des viandes grillées.

SALSA Ce terme désigne généralement des ingrédients frais, hachés, assaisonnés d'un peu de vinaigrette et servis sur de la viande, du poulet ou du poisson. Les salsas les plus courantes sont composées de : avocat, tomate, oignon, piment, coriandre et citron vert ; tomate, poivron, oignon, ail, basilic, huile d'olive et vinaigre de vin rouge ; maïs, piment, coriandre, oignon et citron vert ; mangue, piment, citron vert et coriandre.

SAUCE AU JUS DE CUISSON Après avoir fait cuire de la viande, du poulet ou du poisson à la poêle, retirez les éventuels résidus brûlés mais laissez le délicieux jus de cuisson brun. Déglacez avec un peu de vin, de bouillon ou de vinaigre et laissez mijoter sans couvrir jusqu'à ce que le liquide ait réduit de moitié. Si vous utilisez du vin ou du vinaigre, ajoutez un peu de bouillon pour augmenter la quantité de sauce, puis de la moutarde à l'ancienne ou une poignée d'herbes fraîches ciselées et une noisette de beurre. Assaisonnez.

SAUCE BÉCHAMEL

TEMPS DE PRÉPARATION + CUISSON 20 MIN
POUR 250 ML

Faites fondre 30 g de beurre dans une petite casserole, ajoutez 2 cuillerées à soupe de farine tous usages et faites cuire en remuant jusqu'à ce que le mélange bouillonne et épaississe. Ajoutez petit à petit 150 ml de lait chaud, en remuant, jusqu'à ce que la préparation bouillonne et épaississe. Ajoutez le reste de lait en filet régulier, en fouettant vigoureusement, puis laissez cuire pendant 5 minutes. Assaisonnez ; si vous le souhaitez, incorporez une pincée de noix de muscade.

ASTUCES Vous pouvez utiliser la sauce Béchamel dans des plats à base de pâtes comme les lasagnes, ou la servir avec des filets de poulet ou de poisson grillés. Elle sert de base à de nombreuses autres sauces, comme la sauce Mornay. Vous pouvez la préparer à l'avance, mais couvrez la surface de film plastique pour éviter qu'une pellicule ne se forme à la surface.

SAUCE HOLLANDAISE AU CITRON VERT

TEMPS DE PRÉPARATION 5 MIN
POUR 250 ML

Mixez 2 cuillerées à soupe de jus de citron vert et 2 jaunes d'œufs jusqu'à ce qu'ils soient bien mélangés. Sans cesser de mixer, ajoutez progressivement 200 g de beurre fondu chaud en un mince filet régulier ; mixez jusqu'à ce que la sauce hollandaise soit lisse et épaisse. Assaisonnez à votre goût.

SUGGESTION D'ACCOMPAGNEMENT Servez avec du poisson, des fruits de mer ou du poulet.

VARIANTE Remplacez le jus de citron vert par du jus de citron et servez avec des œufs pochés ou des asperges à la vapeur.

ASTUCES Si la sauce est trop épaisse, ajoutez 2 cuillerées à soupe d'eau chaude et fouettez jusqu'à ce que la préparation devienne lisse et crémeuse. Si elle tourne, battez un jaune d'œuf frais dans un saladier avec un fouet puis incorporez-le progressivement dans la sauce, 1 cuillerée à soupe à la fois. Ne faites pas chauffer la sauce directement sur le feu, mais doucement au bain-marie.

SALSA DE MAÏS & PIMENT

TEMPS DE PRÉPARATION + CUISSON 30 MIN
POUR 300 G

Retirez l'enveloppe et la barbe de 2 épis de maïs (800 g). Mettez les épis dans une casserole, recouvrez-les d'eau et mettez un couvercle. Faites cuire à feu vif jusqu'à ce que l'eau soit à ébullition puis baissez à feu moyen-doux et laissez mijoter à couvert pendant 15 minutes environ, ou jusqu'à ce que le maïs soit tendre. Égouttez et laissez refroidir légèrement. Séparez les grains de maïs des épis et mélangez-les dans un saladier avec 1 gros piment rouge frais épépiné et haché, 4 cuillerées à soupe de feuilles de coriandre fraîche, ½ oignon rouge finement haché (50 g) et 1 cuillerée à soupe de jus de citron vert. Assaisonnez à votre goût.

SUGGESTION D'ACCOMPAGNEMENT Servez cette salsa avec du poulet, du bœuf ou du poisson grillé.

NAM JIM

TEMPS DE PRÉPARATION 10 MIN
POUR 250 ML

Mixez 3 piments verts longs frais grossièrement hachés, 2 cm de gingembre frais haché, 2 petits piments rouges serrano frais grossièrement hachés, 2 gousses d'ail, 1 échalote coupée en quartiers, 80 ml de jus de citron vert, 2 cuillerées à soupe de nuoc-mâm, 1 cuillerée à soupe de sucre de palme râpé et 1 cuillerée à soupe d'huile d'arachide jusqu'à l'obtention d'une consistance lisse. Incorporez 4 cuillerées à soupe de noix de cajou grillées non salées, finement hachées. Assaisonnez à votre goût.

SUGGESTION D'ACCOMPAGNEMENT
La sauce nam jim est utilisée comme dip dans la cuisine thaïe ou bien servie avec de la viande, de la volaille ou du poisson grillé. On s'en sert également pour assaisonner des salades.

ASTUCE Si vous ne trouvez pas de sucre de palme, utilisez du sucre roux à la place.

VINAIGRETTE À L'ORIGAN

TEMPS DE PRÉPARATION 5 MIN
POUR 125 ML

Mettez 80 ml d'huile d'olive, 2 cuillerées à soupe de vinaigre de vin rouge, 1 gousse d'ail pilée et 1 cuillerée à soupe d'origan frais finement haché dans un bocal avec un couvercle à vis. Agitez bien puis assaisonnez à votre goût.

SUGGESTION D'ACCOMPAGNEMENT
Servez avec du poisson grillé, du halloumi, du chèvre ou une salade grecque.

VARIANTE Remplacez le vinaigre de vin rouge et l'origan par du vinaigre de vin blanc et du thym citron. Servez avec de la salade pour accompagner de l'agneau ou du poulet.

VINAIGRETTE AU VINAIGRE DE VIN ROUGE

TEMPS DE PRÉPARATION 5 MIN
POUR 125 ML

Mettez 60 ml d'huile d'olive, 2 cuillerées à soupe de vinaigre de vin rouge, 1 cuillerée à soupe de moutarde à l'ancienne et 1 cuillerée à café de sucre en poudre dans un bocal avec un couvercle à vis. Agitez bien puis assaisonnez à votre goût.

SUGGESTION D'ACCOMPAGNEMENT
Servez avec une salade ou bien du bœuf, de l'agneau, du porc ou du poulet. Cette vinaigrette se marie également bien avec le halloumi grillé.

VINAIGRETTE AU SOJA & AU SÉSAME

TEMPS DE PRÉPARATION 5 MIN
POUR 125 ML

Mettez 1 cuillerée à café d'huile de sésame, 60 ml de sauce soja, 1 cuillerée à soupe de sauce douce au piment et 2 cuillerées à soupe de jus de citron vert dans un bocal avec un couvercle à vis. Agitez bien.

SUGGESTION D'ACCOMPAGNEMENT
Servez avec une salade de nouilles asiatique ou bien du poulet.

MAYONNAISE À LA MOUTARDE

TEMPS DE PRÉPARATION 5 MIN
POUR 125 ML

Mélangez 80 ml de mayonnaise, 2 cuillerées à café de moutarde à l'ancienne et 1 cuillerée à soupe de jus de citron dans un petit saladier, puis assaisonnez.

SUGGESTION D'ACCOMPAGNEMENT
Servez avec des burgers, du bœuf ou des escalopes de poulet.

VARIANTES Pour préparer de l'aïoli, incorporez deux gousses d'ail pilées dans la mayonnaise et un filet de jus de citron puis salez à votre goût. Pour une sauce tartare express, incorporez des cornichons hachés, de l'aneth frais haché, des câpres hachées et un filet de jus de citron dans la mayonnaise.

3.

légumes

Il y a tant à dire sur les légumes qu'on devrait leur consacrer un livre entier. Tout le monde sait qu'ils contiennent plein de bons nutriments, et que nous devrions en consommer tous les jours. Testez de nouvelles variétés ; nous en avons listé une trentaine, en les classant par saisons de maturité. Dans ce chapitre, vous trouverez également des conseils d'achat et de conservation, ainsi qu'une sélection de recettes qui mettent les légumes en valeur.

LÉGUMES

Choisir des légumes de saison

Vous avez tout à gagner à acheter des légumes de saison. Lorsqu'ils sont cultivés et récoltés dans de très bonnes conditions de croissance, ils sont abondants, moins chers, plus frais et meilleurs. Il y a également plus de chances pour qu'il s'agisse de produits locaux, qui n'ont pas été importés et transportés sur de longues distances. Beaucoup de fruits et de légumes commencent à perdre une partie de leurs nutriments dès le moment où ils sont cueillis, aussi plus tôt ils vous parviennent, mieux c'est. Acheter des fruits et légumes de saison, quand ils sont moins chers et meilleurs, est également une bonne occasion de tester des produits que vous n'avez pas l'habitude de manger. Profitez de la pleine saison des fruits et légumes pour les acheter en gros, puis congelez-les ou faites des conserves en prévision des périodes où les prix flambent.

ASTUCE

DE NOMBREUX SUPERMARCHÉS ET MARCHANDS DE FRUITS ET LÉGUMES METTENT À DISPOSITION DE LEURS CLIENTS DES DÉPLIANTS POUR LEUR RAPPELER QUELS SONT LES FRUITS ET LES LÉGUMES DE SAISON. PRENEZ-EN UN LA PROCHAINE FOIS ET CONSULTEZ-LE POUR PLANIFIER VOS REPAS ET DRESSER LA LISTE DE VOS COURSES. VOUS POUVEZ ÉGALEMENT CHERCHER UNE APPLICATION SUR VOTRE SMARTPHONE OU VOTRE TABLETTE NUMÉRIQUE.

COMBIEN DE PORTIONS ?

QUAND VOUS CHOISISSEZ DES PRODUITS DE SAISON FRAIS, IL EST PLUS FACILE DE CONSOMMER LES CINQ FRUITS ET LÉGUMES AU MINIMUM RECOMMANDÉS PAR JOUR POUR LES ADULTES, C'EST-À-DIRE CINQ PORTIONS DE FRUITS ET/OU DE LÉGUMES. CHOISISSEZ DES VARIÉTÉS AVEC LE PLUS DE NUTRIMENTS POSSIBLE. REPORTEZ-VOUS À LA PAGE 40 POUR AVOIR UN APERÇU DE L'ÉTENDUE DU CHOIX DE LÉGUMES DE SAISON.

QUE REPRÉSENTE UNE PORTION ?

Il peut sembler difficile de consommer au moins cinq fruits et légumes par jour, mais une portion représente seulement entre 80 et 100 g, soit environ 2 cuillerées à soupe pleines. Ce peut être par exemple 1 petite pomme, 2 abricots, 1 grosse carotte ou encore 1 tomate. L'idéal est de varier chaque jour les fruits et les légumes que vous consommez.

BIEN CHOISIR LES LÉGUMES

Regardez, sentez, pressez (délicatement) : utilisez vos différents sens pour vous assurer d'acheter des produits de qualité. Les légumes verts frais doivent avoir une peau lisse et brillante, les choux doivent être fermes et bien compacts. Les tomates doivent être brillantes et d'un beau rouge uniforme, et la chair doit céder légèrement sous la pression du doigt. Les aubergines et les poivrons doivent être lisses, fermes et brillants. Les légumes-racines comme les carottes, les pommes de terre et les betteraves ne doivent pas être tachés.

SENTIR

Faites confiance à votre flair quand vous achetez des fruits et des légumes. L'odeur d'une tomate bien rouge et charnue n'est pas du tout la même que celle d'une tomate dure, rosâtre et insipide. Sentez une botte d'asperges ; votre nez vous dira si elles ne sont pas fraîches. Si vous ne sentez ne serait-ce qu'une légère odeur de pourri, reposez-la.

CONSERVATION & MANIPULATION

- Conservez les légumes-feuilles, les petits pois, les haricots, le maïs, les artichauts, les brocolis, les choux-fleurs, le potiron coupé et les betteraves dans des sacs en papier au réfrigérateur.
- Conservez les carottes, les aubergines et les poivrons dans un bac à légumes fermé au réfrigérateur, sans les envelopper.
- Conservez les oignons et les pommes de terre dans un endroit sec et frais à l'abri de la lumière, dans des bacs ou des paniers.

Quand les consommer

ACHETEZ RÉGULIÈREMENT DES LÉGUMES COMME LES HARICOTS VERTS, LES BROCOLIS, LES CHOUX-FLEURS, LES AUBERGINES, LES POIVRONS ET LES COURGETTES ; ILS SONT MEILLEURS QUAND ON LES MANGE DANS LES QUELQUES JOURS SUIVANT LEUR ACHAT. LES PETITS POIS ET LE MAÏS DOIVENT ÊTRE CONSOMMÉS LE JOUR MÊME CAR ILS PERDENT RAPIDEMENT LEUR GOÛT SUCRÉ ET LEUR TEXTURE TENDRE. POUR LES LÉGUMES-RACINES, VOUS AVEZ JUSQU'À UNE SEMAINE ENVIRON.

Légumes verts asiatiques

On peut en trouver dans les épiceries asiatiques ; le bok choy, le choy sum et le gai lan (brocolis chinois) sont appréciés pour leurs feuilles vert foncé et leurs tiges pleines de saveurs.

COMMENT LES CUISINER

Les légumes verts asiatiques se prêtent très bien aux sautés, et peuvent être blanchis, cuits à la vapeur ou au micro-ondes, et servis avec une sauce asiatique en accompagnement. Ils supportent bien les saveurs fortes et salées, l'ail, les piments et les huiles de fruits à coque.

5 ASTUCES POUR LES SALADES

1

Assurez-vous de bien laver et sécher les feuilles de salade avant emploi. Pour de meilleurs résultats, utilisez une essoreuse à salade, sinon séchez-les avec un torchon propre.

2

Pour ôter le trognon d'une laitue iceberg, tapez-le contre le bord d'un évier et faites-le tourner pour le retirer. Passez ensuite la laitue sous l'eau courante en la tenant à l'envers ; les feuilles vont se détacher une par une, intactes.

3

N'ajoutez la vinaigrette qu'à la dernière minute pour que les feuilles restent croquantes, et mettez-en juste assez pour les enrober légèrement. Vérifiez que la vinaigrette est bien assaisonnée.

4

La vinaigrette peut être servie séparément pour que les invités l'ajoutent eux-mêmes. De cette façon, la salade restera fraîche jusqu'au lendemain s'il y a des restes. Les tomates coupées ne se conservent pas, alors privilégiez plutôt les tomates cerises pour vos salades composées.

5

Quand vous préparez une salade, pensez à la saveur, à la texture et à la couleur. Ajoutez-y un peu de gaieté : laitue rouge ou roquette, oignons rouges émincés, graines ou fruits à coque grillés croquants, ou feta crémeuse émiettée. Vous pourrez ainsi transformer la plus simple des salades en un délicieux plat.

LES LÉGUMES PAR SAISON

PRINTEMPS

- ail
- asperge
- aubergine
- betterave
- blette
- carotte
- céleri
- chou-fleur
- chou de Bruxelles
- concombre
- courgette
- endive
- épinard
- frisée
- laitue
- navet
- oignon
- petit pois
- poireau
- pomme de terre
- radis

ÉTÉ

- ail
- artichaut
- asperge
- aubergine
- betterave
- blette
- carotte
- céleri
- chou blanc
- chou-fleur
- concombre
- courgette
- épinard
- fenouil
- haricot
- laitue
- maïs
- navet
- oignon
- petit pois
- poireau
- poivron
- pomme de terre
- radis
- tomate

AUTOMNE

- ail
- artichaut
- aubergine
- betterave
- blette
- brocoli
- carotte
- céleri
- chou blanc
- chou-fleur
- chou de Bruxelles
- concombre
- courge
- courgette
- endive
- épinard
- fenouil
- frisée
- haricot
- laitue
- mâche
- maïs
- navet
- oignon
- poireau
- poivron
- pomme de terre
- potiron
- radis

HIVER

- ail
- betterave
- carotte
- céleri
- chou de Bruxelles
- courge
- endive
- épinard
- frisée
- mâche
- navet
- oignon
- poireau
- pomme de terre
- potiron

SAUMON FUMÉ, ASPERGES & RICOTTA AUX HERBES

TEMPS DE PRÉPARATION + CUISSON 20 MIN • POUR 4 PERSONNES

200 g de ricotta
4 cuillerées à soupe de ciboulette fraîche, finement hachée
1 cuillerée à café de zeste de citron, finement râpé
2 cuillerées à soupe de jus de citron
350 g d'asperges vertes
2 cuillerées à soupe d'huile d'olive
250 g de fines tranches de saumon fumé

1. Mélangez la ricotta, la ciboulette, le zeste et le jus de citron dans un saladier. Assaisonnez.
2. Parez les asperges. Mettez l'huile à chauffer dans une poêle à feu moyen. Faites cuire les asperges, en les retournant, jusqu'à ce qu'elles soient tendres, pendant 8 minutes environ.
3. Servez les asperges et la ricotta aux herbes sur le saumon fumé.

SUGGESTION D'ACCOMPAGNEMENT
Servez avec de la ciabatta grillée ou des fines tranches de baguette grillées.

Q+R

QUELLE PARTIE DES ASPERGES FAUT-IL COUPER ?

Tenez l'asperge crue près de la base de la tige et pliez jusqu'à ce qu'elle casse ; jetez l'extrémité fibreuse.

Asperges

Les asperges sont meilleures et moins chères au printemps et en été. En France, on en trouve trois variétés : la blanche, la verte et la violette.

ASPERGES VERTES

Longues et fines, aux tiges vert vif avec des pointes compactes, ce sont les plus populaires. Il n'est généralement pas nécessaire d'éplucher les asperges vertes. Une fois que l'extrémité dure et fibreuse de la tige a été cassée, elles ne nécessitent qu'une cuisson rapide.

ASPERGES BLANCHES

Leur tige est plus épaisse que celle des asperges vertes, et leur peau plus dure. On peut la retirer avec un épluche-légumes à partir de l'endroit où la base fibreuse a été cassée, jusqu'à environ 2 cm de la délicieuse pointe.

ASPERGES VIOLETTES

Elles possèdent un goût plus prononcé que les variétés blanches et vertes et sont plus riches en sucre. Leur couleur violette provient de l'anthocyane, un antioxydant. Leur base est plus épaisse que celle des asperges vertes, et lorsqu'elles sont coupées dans la longueur, elles révèlent un cœur crème. Elles deviennent vertes en cuisant ; vous pouvez les consommer crues dans des salades.

ÉTÉ

BEIGNETS DE MAÏS

TEMPS DE PRÉPARATION + CUISSON 40 À 45 MIN • POUR 6 PERSONNES

3 épis de maïs entiers (1,2 kg)
1 petit oignon rouge (100 g), grossièrement haché
2 œufs
2 cuillerées à soupe de persil plat frais, grossièrement haché
75 g de farine tous usages
75 g de farine avec levure incorporée
De l'huile de cuisson en spray
6 tranches de bacon sans couenne (390 g)
250 g de tomates cerises en grappe
1 kg d'épinards parés

1 Retirez l'enveloppe et la barbe des épis puis détachez les grains. Mettez de côté l'équivalent d'un verre rempli de grains de maïs. Mixez le reste des grains avec l'oignon, les œufs et le persil plat jusqu'à ce que les ingrédients soient grossièrement hachés. Transvasez la préparation dans un grand saladier. Incorporez les farines tamisées et les grains de maïs réservés. Assaisonnez cette pâte à beignets.

2 Préchauffez le four à 120 °C (th. 4).

3 Vaporisez une grande poêle chaude d'huile de cuisson et faites cuire les tranches de bacon jusqu'à ce qu'elles soient croustillantes. Placez-les sur une plaque de four.

4 Faites cuire les tomates dans la même poêle chaude jusqu'à ce que la peau commence à se fendre, puis mettez-les sur la plaque de four avec le bacon. Essuyez la poêle et placez la plaque dans le four pour qu'elle reste chaude.

5 Vaporisez de nouveau la poêle chaude d'huile de cuisson. Déposez une petite louche de pâte à beignets (60 ml) dans la poêle pour chaque beignet, sans trop remplir la poêle, et étalez la pâte avec une spatule pour former des ronds. Faites cuire les beignets 2 minutes de chaque côté environ puis mettez-les dans le four pour qu'ils restent chauds. Répétez l'opération pour obtenir 12 beignets, en essuyant la poêle après chaque cuisson.

6 Faites cuire les épinards en plusieurs fois dans la même poêle chaude jusqu'à ce qu'ils tombent. Retirez l'excédent de liquide et assaisonnez.

7 Servez les beignets avec le bacon, les tomates et les épinards.

Q+R

QUELLE EST LA MEILLEURE MÉTHODE POUR DÉTACHER LES GRAINS DE MAÏS DE L'ÉPI ?

Tenez fermement l'épi de maïs à la verticale sur une planche à découper. Passez la lame d'un couteau tranchant le long de l'épi, aussi près que possible du cœur. Faites tourner l'épi et répétez l'opération jusqu'à ce que tous les grains soient séparés de l'épi.

LE SAVIEZ-VOUS ?

LE SUCRE CONTENU DANS LE MAÏS COMMENCE À SE TRANSFORMER EN AMIDON DÈS QUE LES ÉPIS SONT CUEILLIS. CONSOMMEZ-LES DONC LE PLUS RAPIDEMENT POSSIBLE APRÈS LEUR ACHAT.

AUTOMNE

HACHIS DE POMMES DE TERRE & BACON

TEMPS DE PRÉPARATION + CUISSON 1 H 20 • POUR 8 PERSONNES

2 kg de pommes de terre, grossièrement hachées
410 g de tranches de bacon sans couenne, finement hachées
240 g de crème aigre
90 g de beurre, grossièrement haché
180 ml de lait chaud
4 oignons nouveaux, coupés en fines tranches
240 g de cheddar, grossièrement râpé

1 Préchauffez le four à 180 °C (th. 6). Huilez un plat à four d'une contenance de 2,5 litres.

2 Faites cuire les pommes de terre à l'eau bouillante, à la vapeur ou au micro-ondes jusqu'à ce qu'elles soient tendres, puis égouttez-les.

3 Pendant ce temps, faites cuire les tranches de bacon dans une grande poêle, en remuant, jusqu'à ce qu'elles soient croustillantes ; égouttez-les sur du papier absorbant.

4 Écrasez les pommes de terre dans un grand saladier avec la crème aigre, le beurre et le lait jusqu'à l'obtention d'une consistance lisse. Incorporez la moitié du bacon, la moitié des oignons et la moitié du fromage. Assaisonnez à votre goût. Répartissez la préparation dans le plat et recouvrez du reste de bacon, d'oignons et de fromage. Faites cuire au four sans couvrir pendant 40 minutes, ou jusqu'à ce que le dessus soit légèrement doré.

Q+R

COMMENT RÉALISER UNE PURÉE DE POMMES DE TERRE PARFAITE ?

Épluchez les pommes de terre et détaillez-les en gros morceaux de taille égale. Faites-les cuire à l'eau bouillante salée jusqu'à ce qu'elles soient tendres. Écrasez-les avec un presse-purée ou un pilon à purée, puis ajoutez le lait chaud et le beurre. Battez la purée avec une cuillère en bois pour lui donner une texture plus crémeuse, salez et poivrez puis servez. Avec la pratique, vous serez capable de voir à l'aspect de votre purée si vous avez ajouté suffisamment de liquide. Parmi les variétés de pommes de terre conseillées pour les purées, on peut citer la bintje, la caesar, la marabel, la monalisa et la vitelotte.

ASTUCE

LA PURÉE DE POMMES DE TERRE PEUT ÊTRE PRÉPARÉE QUELQUES HEURES À L'AVANCE SI VOUS LA GARDEZ DANS UN PLAT EN VERRE OU EN PORCELAINE ALLANT AU MICRO-ONDES ET COUVERT. JUSTE AVANT DE SERVIR, PASSEZ-LA AU MICRO-ONDES À PUISSANCE MOYENNE (55 %) JUSQU'À CE QU'ELLE SOIT CHAUDE, EN LA REMUANT TOUTES LES 2 MINUTES. ELLE SERA ENCORE DÉLICIEUSEMENT CRÉMEUSE.

SOUPE ÉPICÉE À LA COURGE & CRÈME À LA CANNELLE

TEMPS DE PRÉPARATION + CUISSON 30 MIN • POUR 4 PERSONNES

1 cuillerée à soupe d'huile d'olive
1 oignon jaune, moyen (150 g), grossièrement haché
1 gousse d'ail pilée
2 cuillerées à café de cumin moulu
½ cuillerée à café de coriandre moulue
1 kg de courge butternut, grossièrement hachée
2 pommes de terre moyennes (400 g), grossièrement hachées
500 ml d'eau
375 ml de bouillon de légumes
1 bande de zeste d'orange de 5 cm

CRÈME À LA CANNELLE
160 ml de crème liquide entière
½ cuillerée à café de cannelle moulue

1 Mettez l'huile à chauffer dans une grande casserole et faites cuire l'oignon et l'ail, en remuant, jusqu'à ce que l'oignon soit tendre. Ajoutez les épices et faites cuire, en remuant, jusqu'à ce que leurs arômes se libèrent. Ajoutez la courge, les pommes de terre, l'eau, le bouillon et le zeste d'orange, puis portez à ébullition. Baissez le feu et laissez mijoter à couvert pendant 20 minutes, ou jusqu'à ce que les légumes soient tendres.

2 Pendant ce temps, préparez la crème à la cannelle.

3 Mixez la soupe par petites quantités jusqu'à l'obtention d'une consistance lisse. Remettez la soupe dans la casserole et réchauffez-la en remuant. Assaisonnez à votre goût.

4 Versez la soupe dans des bols et recouvrez de crème à la cannelle.

CRÈME À LA CANNELLE Battez les ingrédients dans un petit saladier avec un batteur électrique jusqu'à la formation de pics mous.

ASTUCES

Éplucher une courge est une activité dangereuse, alors soyez prudent. Commencez par couper un quartier avec un grand couteau lourd. Pour que la peau soit plus facile à enlever, placez le quartier de courge dans un plat allant au micro-ondes et faites-le cuire pendant 1 minute à puissance maximale (100 %). Disposez le quartier sur le côté coupé pour plus de stabilité, et pelez-le en éloignant le couteau de vous. Si vous faites cuire votre courge à l'eau bouillante, à la vapeur ou au micro-ondes, hachez-la en gros morceaux puis épluchez-les au bout de quelques minutes de cuisson, une fois que la chair et la peau auront légèrement ramolli. Si vous la faites rôtir, épluchez-la après la cuisson car la peau sera plus tendre.

4.

fruits

Comme les légumes, les fruits mériteraient leur propre livre. Dans ce chapitre, nous en avons listé une trentaine de variétés en les classant par saison, c'est-à-dire lorsqu'ils sont le meilleur et le moins cher. Les Français aiment beaucoup les fruits ; leur préféré est la pomme, suivie de l'orange et de la banane. Il en existe une telle diversité qu'il serait dommage de ne pas en profiter… alors pourquoi ne pas tester un nouveau fruit chaque jour ? De plus, les recettes de ces aliments pleins de bienfaits sont des en-cas pratiques à emporter.

FRUITS

POMMES

Les golden delicious et les granny smith sont idéales pour la cuisine, mais elles perdent leur forme et tombent en purée lorsqu'on les cuit sans sucre. Si vous voulez que vos pommes conservent leur forme pendant la cuisson, utilisez une variété rouge naturellement riche en sucre, comme la royal gala et la pink lady. Pour la consommer crue dans des salades, vous pouvez vous servir de n'importe quelle variété, avec ou sans la peau. Arrosez les morceaux de pomme de jus de citron pour empêcher qu'ils ne s'oxydent.

Framboises

Les framboises sont les baies au parfum le plus intense. Elles sont absolument exquises crues, saupoudrées d'un peu de sucre glace. Mélangées avec de la crème, elles font une garniture idéale pour les génoises. Elles sont tout aussi délicieuses dans les pâtisseries, les glaces et les sorbets.

Faire mûrir des fruits

NE LAISSEZ PAS MÛRIR DES FRUITS DANS UN SAC EN PLASTIQUE, SINON ILS POURRIRONT AVANT DE MÛRIR. PLACEZ QUELQUES FRUITS DURS (PÊCHES, PRUNES, NECTARINES...) DANS UN SAC EN PAPIER AVEC DEUX BANANES MÛRES. FERMEZ LE SAC EN SERRANT BIEN ET LAISSEZ-LE UN JOUR OU DEUX À TEMPÉRATURE AMBIANTE ; VOS FRUITS SERONT SUCRÉS ET PRÊTS À ÊTRE DÉGUSTÉS.

MYRTILLES

Les myrtilles sont considérées comme un « super-aliment ». Leur goût a beau être sucré, il peut être un peu terne. Rehaussez la saveur des myrtilles en les arrosant d'un peu de jus de citron et en les saupoudrant de sucre, et laissez reposer quelques heures. Cette astuce est valable également pour les autres baies.

FIGUES

Les figues à pleine maturité doivent être dégustées le jour où vous les achetez. Dès que vous rentrez chez vous, disposez-les sur une assiette ou un plat sans les superposer et mettez-les au réfrigérateur. Sortez les figues une heure environ avant de les servir afin de les ramener à température ambiante ; lorsqu'elles sont froides, leur parfum et leur saveur ne sont pas aussi prononcés.

ORANGES

Les oranges utilisées dans des salades ou pour décorer des gâteaux et des desserts doivent être coupées en segments et débarrassées de l'écorce et de la peau blanche.

1. À l'aide d'un petit couteau aiguisé, coupez l'orange au niveau des deux extrémités, suffisamment pour exposer la chair.
2. Tenez l'orange verticalement et passez le couteau de haut en bas en suivant la courbe du fruit de manière à retirer un morceau d'écorce et de peau blanche ; la chair doit être visible. Répétez l'opération sur toute l'orange jusqu'à ce qu'elle soit entièrement épluchée (pelée à vif).
3. Placez le fruit sur la paume de votre main au-dessus d'un saladier pour recueillir le jus. Prélevez les suprêmes en coupant de l'extérieur vers le centre, de chaque côté des membranes. Répétez l'opération jusqu'à ce que vous ayez prélevé tous les segments.

ANANAS

Pour choisir un ananas, fiez-vous à votre odorat. Un ananas mûr possède un arôme puissant et sucré. Évitez les fruits abîmés ou avec de légères taches, ou bien ceux dont l'odeur laisse penser qu'ils sont trop mûrs.

Kakis

Ce fruit ancien à la saveur rappelant celle du miel revient au goût du jour. Il faut laisser mûrir la chair des variétés les plus anciennes en forme de cœur jusqu'à ce qu'elle ait une consistance de gelée et puisse être prélevée à la cuillère. Si les kakis sont très fermes au moment de l'achat, laissez-les mûrir chez vous avant de les manger. Les variétés modernes sont plus tassées et se dégustent croquantes.

MÛRES

Il n'y a rien de tel que le goût d'une mûre sauvage. Pourtant, c'est le fruit de la ronce, qui est souvent considérée comme une mauvaise herbe. Les mûres cultivées sont plus grosses mais restent très bonnes. Elles font d'excellentes confitures, gelées et garnitures de tartes.

Rhubarbe

La rhubarbe est officiellement classée comme légume, pourtant elle est généralement consommée sucrée dans des tartes, des gâteaux, des confitures. Débarrassez les tiges de toutes les feuilles car elles sont toxiques. À moins qu'elles ne soient très jeunes et tendres, ôtez les filaments les plus durs en passant un épluche-légumes ou un petit couteau tranchant le long des côtes, de haut en bas, et coupez les tiges en tranches ou en tronçons.

Citron

- Si vous avez besoin de lait fermenté ou de crème aigre dans une recette et que vous n'en trouvez pas dans le commerce, ajoutez environ 1 cuillerée à soupe de jus de citron pour 250 ml de lait ou de crème.
- Coupez un citron en deux et placez les deux moitiés dans la cavité d'un poulet avant de le faire rôtir avec quelques brins de thym et une ou deux gousses d'ail.
- Pour empêcher l'oxydation des pommes, des poires, des pêches, des bananes, des pommes de terre, des artichauts, du céleri et du fenouil une fois qu'ils sont coupés, placez les morceaux dans de l'eau additionnée d'un peu de jus de citron (eau acidulée), ou bien badigeonnez de jus de citron les parties coupées des fruits et des légumes.

Melons

Choisissez des melons sans taches et qui paraissent lourds pour leur taille. Lorsqu'ils sont mûrs, ils cèdent légèrement sous la pression du doigt au niveau du pédoncule.

CHARENTAIS Leur odeur doit être sucrée et la cicatrice au niveau de la queue doit être lisse, ce qui montre que le melon s'est détaché facilement de la tige parce qu'il était bien mûr. Si la cicatrice est irrégulière et qu'il reste un morceau de pédoncule, il n'était pas mûr et sa saveur ne s'est donc pas entièrement développée.
Si le melon vous paraît bon dans son ensemble, ne vous inquiétez pas si la peau présente une marque brune. Les plants de melon poussent au ras du sol, et les fruits sont posés sur un support pour permettre une bonne circulation de l'air, ce qui peut expliquer la présence d'une marque.

MELON D'ESPAGNE C'est le seul melon qui mûrit correctement après avoir été cueilli. Sa peau jaunit légèrement lorsqu'il est à pleine maturité.
Si vous l'achetez quand il n'est pas encore mûr, vérifiez que sa peau est couleur crème, et non verdâtre. Laissez-le ensuite mûrir à température ambiante pendant quelques jours.

PASTÈQUE Une pastèque entière doit sonner creux.
La marque provenant de l'endroit où elle était posée sur le sol doit être jaunâtre, et non blanche ou verte. Une fois coupée, la chair de la pastèque doit être de couleur vive et ses graines doivent être noires et non blanches.

LES FRUITS PAR SAISON

PRINTEMPS

- cerise
- citron
- fraise
- framboise
- kiwi
- orange
- pamplemousse
- poire
- pomme
- rhubarbe

ÉTÉ

- abricot
- cassis
- cerise
- figue
- fraise
- framboise
- groseille
- melon
- mirabelle
- mûre
- myrtille
- nectarine
- pastèque
- pêche
- poire
- pomme
- prune
- pruneau

AUTOMNE

- coing
- kiwi
- mandarine
- mûre
- myrtille
- orange
- pamplemousse
- pastèque
- pêche
- poire
- pomme
- prune
- pruneau
- raisin

HIVER

- châtaigne
- citron
- clémentine
- kiwi
- mandarine
- orange
- pamplemousse
- poire
- pomme

PRINTEMPS

CE DESSERT ANGLAIS EST SOUVENT APPELÉ « ETON MESS » CAR IL ÉTAIT TRADITIONNELLEMENT SERVI À ETON, L'UNE DES ÉCOLES LES PLUS CÉLÈBRES D'ANGLETERRE.

« MESS » SIGNIFIE DÉSORDRE EN ANGLAIS – TOUS LES INGRÉDIENTS SONT MÉLANGÉS DANS UN GRAND SALADIER.

CRÈME À LA MERINGUE & AUX FRAISES

TEMPS DE PRÉPARATION 15 MIN • POUR 4 PERSONNES

500 g de fraises équeutées et coupées en quartiers
1 cuillerée à soupe de liqueur à l'orange
2 cuillerées à soupe de sucre glace
300 ml de crème liquide entière, fouettée
200 g de yaourt à la grecque
50 g de meringue, grossièrement écrasée

1 Mélangez les fraises, la liqueur et le sucre glace tamisé dans un saladier. Laissez reposer 5 minutes.
2 Pendant ce temps, mélangez la crème, le yaourt et la meringue écrasée dans un autre saladier.
3 Répartissez la moitié de la préparation à la crème dans quatre verres de service (d'une contenance de 250 ml chacun). Ajoutez la moitié du mélange aux fraises, puis recouvrez du reste de la préparation à la crème et, enfin, du reste de mélange aux fraises. Servez immédiatement.

VARIANTES Vous pouvez remplacer les fraises par des framboises, la meringue par des biscuits amaretti et le yaourt par du mascarpone.

ASTUCES

QUAND LES FRAISES SONT ABONDANTES, VOUS POUVEZ FACILEMENT PRÉPARER UNE SAUCE SUCRÉE À SERVIR SUR DE LA GLACE OU AVEC UNE GÉNOISE FOURRÉE À LA CRÈME. MIXEZ DES FRAISES AVEC UN PEU DE SUCRE EN POUDRE DANS UN BLENDER OU UN ROBOT DE CUISINE, PUIS AJOUTEZ UN PEU DE SUCRE OU DE JUS DE CITRON À VOTRE GOÛT. LE RESTANT DE SAUCE PEUT ÊTRE CONGELÉ.

ÉTÉ

PÊCHES POCHÉES & CRÈME ANGLAISE À LA LAVANDE

TEMPS DE PRÉPARATION + CUISSON 30 MIN • POUR 4 PERSONNES

500 ml de lait
1 cuillerée à soupe de fleurs de lavande séchées
4 jaunes d'œufs
110 g de sucre en poudre

PÊCHES POCHÉES
220 g de sucre en poudre
1 litre d'eau
1 gousse de vanille fendue dans la longueur
4 pêches moyennes (600 g)

1 Faites chauffer à feu doux le lait et la lavande dans une petite casserole, en remuant.

2 Fouettez les jaunes d'œufs et le sucre dans un saladier jusqu'à ce que le mélange pâlisse et devienne crémeux. Incorporez progressivement le mélange au lait chaud avec un fouet.

3 Rincez et séchez la casserole. Filtrez la préparation à la lavande au-dessus de la casserole dans un tamis fin. Faites-la chauffer à feu moyen en remuant jusqu'à ce qu'elle épaississe assez pour napper le dos d'une cuillère en bois, sans laisser bouillir. Retirez la casserole du feu et versez la crème dans un récipient froid. Couvrez et placez au réfrigérateur jusqu'à ce qu'elle soit froide.

4 Pendant ce temps, préparez les pêches pochées.

5 Servez la crème anglaise avec les pêches pochées et un peu de sirop.

PÊCHES POCHÉES Mettez le sucre, l'eau et la gousse de vanille dans une casserole et remuez à feu doux jusqu'à ce que le sucre soit dissous. Portez à ébullition puis baissez le feu pour que le mélange frémisse. Faites une incision légère sur chaque pêche. Placez les pêches dans le sirop et couvrez d'un morceau de papier cuisson découpé à la taille de la casserole. Laissez mijoter à couvert pendant 5 minutes, ou jusqu'à ce que les pêches soient tendres, en les retournant à mi-cuisson. Sortez les pêches de la casserole avec une écumoire. Portez le sirop à ébullition et laissez bouillir sans couvrir pour le faire réduire un peu. Laissez refroidir légèrement puis épluchez les pêches.

ASTUCES

LES PÊCHES ET LA CRÈME ANGLAISE PEUVENT ÊTRE PRÉPARÉES UN JOUR À L'AVANCE. CONSERVEZ LES PÊCHES AU RÉFRIGÉRATEUR DANS LE SIROP. VOUS TROUVEREZ DE LA LAVANDE DANS LES ÉPICERIES FINES ET LES MAGASINS D'ALIMENTATION SPÉCIALISÉS.

Q+R

COMMENT ÉPLUCHER DES PÊCHES POUR UNE RECETTE ?

Pour éplucher des pêches, percez la peau avec un couteau tranchant puis plongez les pêches dans de l'eau bouillante (ou bien versez de l'eau bouillante sur les pêches dans un saladier). Égouttez les pêches puis plongez-les dans un récipient rempli d'eau glacé : la peau va s'enlever toute seule.

AUTOMNE

COINGS BRAISÉS

TEMPS DE PRÉPARATION + CUISSON 4 H • POUR 4 PERSONNES

110 g de sucre en poudre
2 cuillerées à soupe de miel
1 feuille de laurier séchée
1 étoile d'anis
750 ml d'eau
2 gros coings (800 g)

1 Mettez le sucre, le miel, la feuille de laurier, l'étoile d'anis et l'eau dans une grande casserole. Remuez à feu moyen jusqu'à ce que le sucre soit dissous.

2 Épluchez les coings et détaillez-les en huit ; retirez le cœur. Ajoutez les coings dans le sirop et faites-les cuire à feu moyen jusqu'à ce que le sirop frémisse. Couvrez les coings avec un morceau de papier cuisson découpé à la taille de la casserole et laissez mijoter à couvert, à feu doux, pendant 3 heures 30, ou jusqu'à ce que les coings soient tendres et rosés.

3 Arrosez les coings d'un peu de jus de pochage avant de servir.

SUGGESTION D'ACCOMPAGNEMENT
Servez avec de la glace à la vanille, de la crème fraîche épaisse ou du yaourt.

ASTUCES

Doublez ou triplez les quantités de la recette, puis conservez les coings cuits au réfrigérateur dans leur sirop. Servez-les au petit déjeuner avec du muesli, ou préparez un dessert express : coupez les coings pochés en tranches fines et répartissez-les sur une pâte feuilletée pour obtenir une superbe tarte ; arrosez-les simplement de crème liquide ou de crème anglaise, ou bien servez-les sur de la glace.

LE SAVIEZ-VOUS ?

Ce cousin de la pomme est toujours consommé cuit car il est trop dur et trop acide pour être apprécié cru. Sa cuisson est très longue, mais elle en vaut la peine : une fois cuit, le coing possède un parfum délicieux et une saveur agréablement musquée. La chair du coing cru est couleur crème mais devient rose vif en cuisant.

PANCAKES AU LAIT FERMENTÉ & POIRES POCHÉES

TEMPS DE PRÉPARATION + CUISSON 2 H 35 • POUR 6 PERSONNES

6 petites poires (750 g)
500 ml d'eau
110 g de sucre en poudre
90 g de miel
½ citron moyen (70 g), coupé en quartiers
½ gousse de vanille
20 g de beurre
300 g de farine avec levure incorporée
55 g de sucre en poudre, en supplément
2 œufs
600 ml de lait fermenté
50 g de beurre fondu, en supplément
De l'huile de cuisson en spray

1 Épluchez les poires, coupez-les en quartiers et ôtez les trognons. Mettez-les dans une grande casserole avec l'eau, le sucre, le miel, le citron et la gousse de vanille ; portez à ébullition. Baissez le feu et laissez mijoter à couvert pendant 25 minutes, ou jusqu'à ce que les poires soient tendres. À l'aide d'une écumoire, sortez les poires du sirop. Faites bouillir le sirop, en le couvrant partiellement, jusqu'à ce qu'il réduise et qu'il n'en reste que 180 ml. Jetez le citron et la gousse de vanille, puis incorporez le beurre.

2 Pendant ce temps, tamisez la farine et le sucre en supplément au-dessus d'un grand saladier. Mélangez les œufs, le lait fermenté et le beurre fondu, puis incorporez-les progressivement à la farine et au sucre jusqu'à l'obtention d'une consistance homogène.

3 Vaporisez une grande poêle à fond épais d'huile de cuisson et versez une petite louche de pâte (60 ml) dans la poêle chaude pour chaque pancake (vous pouvez en faire cuire quatre à la fois). Faites cuire les pancakes jusqu'à ce que des bulles apparaissent à la surface, puis retournez-les pour les faire dorer de l'autre côté. Enlevez-les de la poêle et couvrez-les pour qu'ils restent chauds. Répétez l'opération avec le reste de pâte.

4 Servez les pancakes recouverts de poires et arrosez-les de sirop de poire.

SUGGESTION D'ACCOMPAGNEMENT
Servez avec de la glace ou de la crème fouettée.

LE SAVIEZ-VOUS ?

Avec les poires, tout est une question de timing. Les poires mûrissent du centre vers l'extérieur. Il ne faut pas les laisser mûrir sur l'arbre car leur chair devient rapidement granuleuse et leur trognon se casse si elles sont mûres lorsqu'on les cueille. Elles doivent être cueillies encore dures puis terminer leur maturation dans un endroit frais pendant quelques jours. Vous pouvez accélérer le processus en les enveloppant dans un sac en papier avec une pomme ou une banane. Une fois qu'elles sont mûres, elles se conservent environ une journée à température ambiante, et un peu plus longtemps au réfrigérateur. Elles ont besoin d'être entourées d'oxygène ; il ne faut donc jamais les conserver les unes sur les autres ou dans un sac en plastique.

5. conserves

Avant l'apparition de la réfrigération, le seul moyen de conserver des aliments d'une saison à l'autre était d'en faire des conserves. Ce n'était pas uniquement un procédé réservé aux fruits et à certains légumes, mais aussi à la viande et aux fruits de mer ; on avait recours à différentes méthodes de conservation : le séchage, le saumurage, le salage et le fumage. De nos jours, nous conservons principalement des fruits en les mettant en bocaux, en faisant des confitures, des gelées, et des chutneys, des pickles et des sauces à base de fruits.

FAIRE DES CONSERVES

SI VOUS VOUS LANCEZ DANS CETTE ACTIVITÉ, SOYEZ PRÉVENU : STÉRILISER LES BOCAUX, ÉPLUCHER, HACHER, REMUER LA PRÉPARATION SUR LE FEU… DEMANDE DU TEMPS. MAIS VOUS NE LE REGRETTEREZ PAS, ET RESSENTIREZ UN PLAISIR IMMENSE À REMPLIR VOS PLACARDS DE VOS CONFITURES ET CONSERVES MAISON.

Confitures & gelées

Les confitures sont confectionnées à partir de petits morceaux de fruits que l'on fait cuire jusqu'à ce qu'ils soient tendres puis auxquels on ajoute du sucre. On fait alors cuire le mélange jusqu'à ce qu'il prenne et puisse être étalé. Cette consistance est obtenue grâce à l'action de la pectine, une substance présente dans les parois cellulaires des fruits. La teneur en pectine des fruits est très variable ; parmi les fruits riches en pectine, on peut citer les pommes, les agrumes, les prunes, les coings, le cassis et les groseilles. Les fruits contenant peu de pectine, comme les cerises, les figues, les pêches, les poires, les ananas, la rhubarbe et les baies, peuvent être mélangés avec des fruits à teneur élevée en pectine afin de faire prendre la confiture.
Les marmelades sont des confitures aigres-douces réalisées à partir d'un ou de plusieurs agrumes ; leur amertume provient du zeste. Quant aux gelées, ce sont des préparations transparentes faites à partir de fruits cuits puis filtrés pendant une nuit dans un sac à gelée. Le jus obtenu est ensuite bouilli avec du sucre jusqu'à l'obtention d'une texture qui gélifie.

Étiquettes

Il est recommandé d'étiqueter les confitures et les conserves en indiquant leur contenu et leur date de fabrication. Vous pouvez acheter des étiquettes autocollantes pour vos bocaux, ou bien les réaliser vous-même avec un ordinateur et une imprimante. Prenez une photo du fruit pour illustrer l'étiquette.

ASTUCES

PENDANT L'ANNÉE, METTEZ DE CÔTÉ DES BOCAUX EN VERRE DE TAILLE APPROPRIÉE (CONFITURES, PETITS POTS DE CORNICHONS… DU COMMERCE) POUR VOS FUTURES CONSERVES. LES COUVERCLES EN MÉTAL EN BON ÉTAT PEUVENT RESSERVIR, MAIS LES COUVERCLES EN PLASTIQUE NE FERMENT PAS HERMÉTIQUEMENT. VOUS POUVEZ COMMANDER SUR INTERNET DES COUVERCLES EN MÉTAL DE TAILLE STANDARD.

La magie du micro-ondes

FAIRE DES CONFITURES AU MICRO-ONDES EST SIMPLE, ET LE TEMPS DE CUISSON EST RÉDUIT. ELLES SE GARDERONT AU RÉFRIGÉRATEUR, JUSQU'À UN MOIS.

Q+R

EST-IL UTILE D'ACHETER UN KIT POUR FAIRE DES CONSERVES ?

Non, même si cela vous facilitera la tâche car vous aurez ainsi tout le matériel nécessaire : bocaux, joints, couvercles et grande casserole chauffant électriquement.

PICKLES & CHUTNEYS

CES CONDIMENTS anglo-saxons d'origine indienne sont une bonne façon de conserver des légumes et des fruits, qui change des traditionnelles conserves de fruits et de légumes en bocaux.

LES CHUTNEYS peuvent être composés de toute une variété de fruits et/ou de légumes épicés, sucrés et piquants cuits jusqu'à l'obtention d'une texture épaisse. On y associe souvent des ingrédients aussi différents que des tomates, des mangues, des pommes, de la moutarde en poudre et des raisins sultanines.

LES PICKLES sont des légumes, et parfois aussi des fruits, que l'on conserve dans du vinaigre, de la saumure ou un mélange des deux, généralement avec des herbes ou des épices, et du sucre ou de la moutarde. Les pickles les plus répandus sont les pickles de concombre et d'oignon.

STÉRILISER LES BOCAUX

Les bocaux doivent être aussi propres que possible. Dans l'idéal, la stérilisation des bocaux et des couvercles doit être achevée en même temps que la conserve est prête à être mise en bocaux. Il faut verser la préparation chaude dans des bocaux chauds, propres et secs, sinon elle risque de s'abîmer pendant la conservation. On peut stériliser les bocaux de différentes façons.

DEUX MANIÈRES DE STÉRILISER LES BOCAUX :

1

Placez les bocaux à l'horizontale dans une marmite, avec les couvercles, recouvrez-les d'eau chaude puis couvrez la marmite. Portez l'eau à ébullition et laissez bouillir les bocaux pendant 20 minutes.

2

Posez les bocaux à la verticale sur une planche en bois, sans qu'ils se touchent, dans la partie la plus basse du four. Réglez le four sur la température minimale, fermez la porte et laissez chauffer les bocaux pendant 30 minutes.

Sortez les bocaux du four ou de l'eau bouillante avec des pinces et des gants résistant à la chaleur. Posez les bocaux à la verticale sur une planche en bois, sans qu'ils se touchent. Versez la préparation chaude dans les bocaux chauds jusqu'à ras bord. Fermez bien les couvercles puis laissez reposer à température ambiante avant de les conserver. Essuyez l'extérieur des bocaux avec un chiffon imbibé d'alcool à brûler.

Q+R

COMMENT SAVOIR SI MA CONFITURE EST PRÊTE ?

Si la confiture n'est pas loin de prendre, retirez-la du feu pour la tester : plongez une cuillère en bois dans la casserole et tenez le dos de la cuillère vers vous. Si la confiture est prête, deux ou trois grosses gouttes de confiture vont rouler vers le bas de la cuillère et former une sorte de triangle de confiture épais. Vous pouvez aussi déposer une cuillerée à café de confiture sur une soucoupe préalablement refroidie au réfrigérateur ou au congélateur. La confiture devrait refroidir rapidement à température ambiante. Appuyez doucement sur la confiture avec votre doigt ; si la confiture est prête, la pellicule qui s'est formée à la surface se plissera. Sinon, remettez-la sur le feu et faites-la bouillir de nouveau.

ASTUCE

CERTAINES RECETTES CONSEILLENT DE LAISSER REPOSER LA CONFITURE AVANT DE LA METTRE EN BOCAUX ; C'EST SOUVENT LE CAS AVEC LES RECETTES DE MARMELADE. CE TEMPS DE REPOS PERMET AUX FRUITS D'ÊTRE PRIS DANS LA « GELÉE », ET AINSI D'ÊTRE RÉPARTIS DE FAÇON UNIFORME DANS LES BOCAUX.

CONFITURE AUX FRUITS ROUGES SURGELÉS

TEMPS DE PRÉPARATION + CUISSON 1 H • POUR 1,5 LITRE

2 kg de mélange de fruits rouges surgelés
1 kg de sucre cristallisé
80 ml de jus d'orange
2 cuillerées à soupe de liqueur à la fraise

1 Faites chauffer les fruits, le sucre et le jus d'orange dans une grande casserole à feu vif et remuez sans laisser bouillir jusqu'à ce que le sucre soit dissous. Portez à ébullition et laissez bouillir sans couvrir et sans remuer pendant 45 minutes environ, ou jusqu'à ce que la confiture soit prise (voir le test page 67). Incorporez la liqueur.

2 Versez la confiture chaude dans des bocaux stérilisés chauds et fermez-les tout de suite hermétiquement. Étiquetez et datez les bocaux une fois qu'ils ont refroidi.

ASTUCE Vous pouvez utiliser n'importe quel assortiment de baies surgelées (2 kg en tout).

Q+R

COMBIEN DE TEMPS MES CONFITURES MAISON SE GARDENT-ELLES ?

Vous pouvez les conserver jusqu'à un an dans un placard au frais et à l'abri de sources de lumière et de chaleur. Une fois le pot de confiture ouvert, placez-le au réfrigérateur et consommez-le dans les deux mois qui suivent.

Q+R

EST-IL NÉCESSAIRE D'ACHETER UN GÉLIFIANT POUR CONFITURE ?

Ce genre de produit contient de la pectine et garantit la prise de la confiture. C'est utile si vous utilisez des fruits avec une faible teneur en pectine (voir page 66). Suivez les instructions sur l'emballage.

CHUTNEY SUCRÉ AUX OIGNONS ROUGES

TEMPS DE PRÉPARATION + CUISSON 2 H 30 • POUR 1,4 LITRE

2 cuillerées à soupe d'huile d'olive
2 kg d'oignons rouges, grossièrement hachés
2 feuilles de laurier séchées
10 grains de poivre noir, écrasés
4 brins de thym frais
440 g de sucre roux
500 ml de vinaigre de vin rouge
2 cuillerées à café de gros sel

1 Mettez l'huile à chauffer dans une grande casserole et faites cuire les oignons en remuant pendant 15 minutes environ, ou jusqu'à ce qu'ils soient tendres.

2 Pendant ce temps, enveloppez les feuilles de laurier, les grains de poivre et le thym dans un morceau de mousseline et nouez-le avec de la ficelle de cuisine. Ajoutez-le dans la casserole avec le reste des ingrédients ; remuez à feu vif, sans laisser bouillir, jusqu'à ce que le sucre soit dissous. Portez à ébullition. Baissez le feu et laissez mijoter sans couvrir, en remuant de temps en temps, pendant environ 1 heure 45, ou jusqu'à ce que le chutney soit épais.

3 Enlevez la mousseline et, avec une cuillère, répartissez le chutney chaud dans des bocaux stérilisés chauds. Fermez-les tout de suite hermétiquement puis étiquetez et datez les bocaux une fois qu'ils ont refroidi.

SUGGESTIONS DE SERVICE Servez le chutney avec des hamburgers, des saucisses et des viandes cuites au barbecue, ou incorporez-en un peu dans des sauces.

ASTUCES

ENVELOPPER DIVERSES HERBES ET ÉPICES DANS UN MORCEAU DE MOUSSELINE FERMÉ AVEC DE LA FICELLE DE CUISINE PERMET DE LES RETIRER PLUS FACILEMENT QUAND LE CHUTNEY EST PRÊT À ÊTRE MIS EN POTS. CONSERVEZ LE CHUTNEY DANS UN ENDROIT FRAIS À L'ABRI DE LA LUMIÈRE PENDANT AU MOINS TROIS SEMAINES AVANT DE L'OUVRIR, ET PLACEZ-LE AU RÉFRIGÉRATEUR APRÈS OUVERTURE.

CITRONS CONFITS

TEMPS DE PRÉPARATION 15 MIN • POUR 16 PIÈCES

8 citrons moyens (1 kg)
450 g de gros sel
5 feuilles de laurier frais
1 cuillerée à café de graines de coriandre
1 cuillerée à café de graines de carvi
250 ml de jus de citron

1 Coupez les citrons en deux dans la longueur puis coupez chaque moitié en deux avec précaution, mais sans aller jusqu'au bout ; ouvrez-les légèrement.

2 Pressez les citrons au-dessus d'un grand saladier non métallique pour recueillir le jus. Mettez-les dans le saladier avec le sel, les feuilles de laurier et les épices ; mélangez bien.

3 Placez le mélange dans un bocal stérilisé de 1,5 litre, en versant suffisamment de jus pour recouvrir les citrons. Recouvrez d'un petit sac en plastique hermétiquement fermé rempli d'eau afin que les citrons restent immergés ; fermez hermétiquement le bocal, puis étiquetez-le et datez-le.

SUGGESTIONS DE SERVICE Utilisez le zeste de citron confit préalablement rincé dans des tagines, des couscous, des salades, des sauces, des ragoûts et des pilafs.

ASTUCES

VOUS POUVEZ AJOUTER DES BÂTONS DE CANNELLE OU DES PIMENTS DANS LE SALADIER À L'ÉTAPE 2. CONSERVEZ LES CITRONS CONFITS DANS UN ENDROIT FRAIS À L'ABRI DE LA LUMIÈRE PENDANT AU MOINS TROIS SEMAINES AVANT EMPLOI ET PLACEZ-LES AU RÉFRIGÉRATEUR APRÈS OUVERTURE. POUR LES UTILISER, ÔTEZ ET JETEZ LA PULPE, RINCEZ BIEN LE ZESTE PUIS DÉCOUPEZ-LE SELON LES INSTRUCTIONS DE LA RECETTE.

LE SAVIEZ-VOUS ?

Un citron donnera plus de jus s'il est préalablement réchauffé dans de l'eau chaude, au four à 180 °C pendant 2 minutes, ou bien au micro-ondes à puissance élevée pendant environ 10 secondes. Vous pouvez également rouler le citron sur une surface plate et dure en appliquant dessus une pression ferme.

Vous obtiendrez environ 2 cuillerées à soupe de jus en pressant un citron de taille moyenne.

6.

herbes & épices

Les herbes aromatiques sont généralement les feuilles d'une plante, tandis que les épices proviennent de l'écorce, de la racine, des baies ou des graines d'une plante. Ce sont de véritables concentrés de saveurs et de couleurs, dont nous pourrions difficilement nous passer. Ce chapitre vous présente les variétés les plus communes d'herbes et d'épices utilisées en cuisine.

HERBES AROMATIQUES

Où trouver des herbes aromatiques ?

L'IDÉAL EST DE LES FAIRE POUSSER CHEZ VOUS, DANS VOTRE JARDIN, DANS DES PANIERS SUSPENDUS, DES JARDINIÈRES OU DES POTS SITUÉS PRÈS DE VOTRE CUISINE.

Vous trouverez aussi pendant toute l'année une bonne variété d'herbes fraîches au supermarché et chez votre marchand de fruits et légumes. Les herbes peuvent être vivaces (pousser pendant plusieurs années), comme la sauge ou le romarin, ou bien annuelles (vivre pendant une saison, généralement l'été), comme le basilic et la coriandre. Et bien que la plupart des herbes soient disponibles toute l'année grâce à la diversité des climats en France, aux miracles de la culture hors sol sous serre et aux importations, les herbes de saison sont généralement meilleures.

COMMENT LES CHOISIR

- Les herbes fraîches doivent être fermes et avoir des couleurs vives. Fuyez les herbes flétries ou décolorées.
- L'aneth et le cerfeuil sont des herbes délicates. Si elles sont un peu affaissées lorsque vous les achetez, immergez le bouquet entier dans un récipient rempli d'eau dès que vous rentrez chez vous et utilisez-les dès que possible.
- Achetez des herbes séchées dans des emballages hermétiques en plastique épais ou en aluminium, ou bien dans des pots, de préférence avec un couvercle en métal plutôt qu'en plastique.

Q+R

JE N'AI PAS TOUJOURS DES HERBES FRAÎCHES À MA DISPOSITION. PUIS-JE LES REMPLACER PAR DES HERBES SÉCHÉES DANS UNE RECETTE ?

Si vous utilisez des herbes séchées (mais pas moulues), divisez par trois environ la quantité d'herbes fraîches indiquée : 1 cuillerée à café d'herbes séchées équivaut à 3 cuillerées à café (1 cuillerée à soupe) d'herbes fraîches hachées. Le meilleur moyen de savoir si vous en avez mis suffisamment est de goûter.

LE SAVIEZ-VOUS ?

LES HERBES SÉCHÉES EMBALLÉES DANS DE LA CELLOPHANE OU DU CARTON ONT DÉJÀ COMMENCÉ À SE DÉTÉRIORER CAR CES MATÉRIAUX LAISSENT LES ARÔMES S'ÉCHAPPER. RANGEZ-LES DÈS QUE POSSIBLE DANS UNE BOÎTE HERMÉTIQUE ET UTILISEZ-LES RAPIDEMENT.

POURQUOI PAS ?

Tenez une liste des herbes séchées et des épices que vous avez chez vous et fixez-la à l'intérieur du placard. Cela vous évitera d'avoir à fouiller pour savoir s'il vous reste telle ou telle herbe ou épice. Ajoutez la date limite de consommation sur la liste pour savoir quand il est temps de les remplacer.

ASTUCES

POUR AJOUTER UNE SAVEUR SUBTILE À DES CÔTELETTES D'AGNEAU, FROTTEZ DESSUS UNE BRANCHE DE ROMARIN PENDANT QU'ELLES GRILLENT. VOUS POUVEZ AUSSI RETIRER LES FEUILLES ET VOUS SERVIR DES BRANCHES POUR FAIRE DES BROCHETTES D'AGNEAU AU BARBECUE.

Conservation des herbes

FRAÎCHES

Pendant la nuit, placez vos bouquets d'herbes fraîches dans un verre d'eau, loin d'une source de chaleur. Si vous avez l'intention de les garder plus longtemps, enroulez un morceau de papier absorbant plié autour de l'extrémité des tiges, humidifiez-le puis placez le tout dans un sac en plastique sans serrer et rangez-le au réfrigérateur. Le basilic se conserve mieux à température ambiante dans un verre d'eau recouvert d'un sac en plastique ; si vous le mettez au réfrigérateur, il va noircir et flétrir rapidement. Essayez l'astuce du chef : laissez tremper les herbes dans de l'eau, détachez les feuilles, séchez-les doucement puis conservez-les dans des boîtes en plastique entre des feuilles de papier absorbant humides. Par ailleurs, elles prennent ainsi moins de place dans le réfrigérateur.

SÉCHÉES

Les herbes séchées doivent être conservées loin de sources de chaleur ou de lumière, dans des emballages ou des boîtes hermétiques. Il est déconseillé de les garder au réfrigérateur car de la condensation peut se former dans l'emballage quand on les sort dans la cuisine chaude puis qu'on les remet au réfrigérateur, et son contenu risque de s'abîmer. Toutes les herbes séchées se détériorent avec le temps ; vérifiez leur état au moins une fois par an.

LE SAVIEZ-VOUS ?

L'origan et la marjolaine ont un goût plus prononcé lorsqu'ils sont séchés.

QU'EST-CE QUE C'EST ?

FINES HERBES

C'est un mélange d'herbes utilisées pour assaisonner des omelettes et des plats de poisson poché. Il est composé de ciboulette, de persil, d'estragon et de cerfeuil.

BOUQUET GARNI

Ce bouquet d'herbes, employé pour parfumer des bouillons et des ragoûts, est retiré avant de servir le plat. C'est un mélange qui comprend généralement du thym, du persil et des feuilles de laurier, mais d'autres herbes peuvent y être ajoutées, ainsi que des grains de poivre. On les enveloppe parfois dans un morceau de feuille de poireau ou de mousseline, et on les attache avec de la ficelle de cuisine. Vous pouvez préparer vos bouquets garnis vous-même ou bien acheter des bouquets garnis tout faits, réalisés avec des herbes séchées.

HERBES DE PROVENCE

C'est un mélange très parfumé d'herbes aromatiques originaire de Provence et généralement composé de thym, de marjolaine, de romarin, d'estragon, de basilic, de graines de fenouil, de cerfeuil et de lavande séchés. Il peut être utilisé pour assaisonner des viandes et des poissons grillés, ou bien ajouté dans des pot-au-feu ou des ragoûts.

ASTUCES

RÉALISEZ DES BEURRES AUX HERBES ; C'EST UN DÉLICIEUX MOYEN D'AJOUTER RAPIDEMENT LA SAVEUR DES HERBES À VOS PLATS.

Cerfeuil
Persil plat
Persil frisé
Menthe
CIBOULETTE
Menthe vietnamienne
Thym
Estragon
Shiso
Origan

Marjolaine
Romarin
Ciboulette chinoise
Sauge
Coriandre
Aneth
BASILIC THAI
Feuilles de laurier
Basilic pourpre
Basilic classique
Menthe verte

POUR RÉUSSIR UN TABOULÉ PARFAIT, IL EST INDISPENSABLE D'UTILISER DU PERSIL PARFAIT.

LE PERSIL DOIT IMPÉRATIVEMENT ÊTRE BIEN LAVÉ ET DÉBARRASSÉ DE TOUTE TRACE DE TERRE, PUIS SÉCHÉ AVEC SOIN AVANT D'ÊTRE AJOUTÉ DANS LA SALADE. S'IL EST TROP HUMIDE, LE TABOULÉ SERA UN PEU RAMOLLI AU LIEU D'ÊTRE LÉGER ET GOÛTEUX. SERVEZ LE TABOULÉ AVEC DE BONS FALAFELS.

TABOULÉ

TEMPS DE PRÉPARATION 30 MIN (+ RÉFRIGÉRATION)
POUR 4 PERSONNES

40 g de boulgour
3 tomates moyennes (450 g)
75 g de persil plat frais, grossièrement haché
3 oignons nouveaux, finement hachés
8 cuillerées à soupe de menthe fraîche, grossièrement hachée
1 gousse d'ail pilée
60 ml de jus de citron
60 ml d'huile d'olive

1 Placez le boulgour dans un saladier peu profond. Coupez les tomates en deux, videz-les et ajoutez la pulpe sur le boulgour. Hachez finement la chair et répartissez-la sur le boulgour. Couvrez et laissez reposer 1 heure au réfrigérateur.

2 Mélangez le boulgour avec le reste des ingrédients dans un grand saladier. Assaisonnez à votre goût.

ASTUCES

LE TABOULÉ TRADITIONNEL EST COMPOSÉ ESSENTIELLEMENT DE PERSIL HACHÉ, MAIS AUSSI DE BOULGOUR, DE MENTHE ET D'OIGNON NOUVEAU EN QUANTITÉS MOINDRES. N'AYEZ PAS LA MAIN TROP LOURDE SUR LE BOULGOUR, SINON VOTRE TABOULÉ SERA LOURD ALORS QU'IL EST CENSÉ ÊTRE LÉGER ET AÉRÉ.

SALADE DE POULET & D'HERBES À LA VIETNAMIENNE

TEMPS DE PRÉPARATION + CUISSON 40 MIN (+ RÉFRIGÉRATION)
POUR 6 PERSONNES

½ petit chou pommé frisé (600 g), coupé en lanières
8 cuillerées à soupe de feuilles de shiso frais, coupées en lanières (plante aromatique japonaise)
8 cuillerées à soupe de feuilles de menthe vietnamienne fraîche, finement hachées
8 cuillerées à soupe de feuilles de menthe fraîche, finement hachées
8 cuillerées à soupe de feuilles de basilic thaï frais, finement hachées
8 cuillerées à soupe de feuilles de coriandre fraîche, finement hachées
640 g de poulet cuit, détaillé en lanières
80 g d'échalotes frites (disponibles dans les épiceries asiatiques)
80 ml de jus de citron vert
140 g de cacahuètes grillées

CAROTTE MARINÉE
500 ml de vinaigre blanc
165 g de sucre en poudre
1 grosse carotte (180 g)

SAUCE VIETNAMIENNE
125 ml d'eau
125 ml de vinaigre blanc
80 ml de nuoc-mâm (ou de nam pla)
75 g de sucre en poudre
1 gousse d'ail, finement hachée
1 petit piment rouge serrano, finement haché

1 Préparez la carotte marinée et la sauce vietnamienne.

2 Mettez le chou et les herbes dans un grand saladier. Égouttez les carottes marinées puis ajoutez-les dans le saladier avec le poulet, 60 g d'échalotes frites et le jus de citron vert. Ajoutez la sauce vietnamienne, remuez et assaisonnez à votre goût.

3 Dressez la salade sur un grand plat. Parsemez de cacahuètes et du reste d'échalotes frites et servez immédiatement.

CAROTTE MARINÉE Faites chauffer le vinaigre et le sucre à feu doux dans une petite casserole, en remuant, jusqu'à ce que le sucre soit dissous. Laissez refroidir. Pendant ce temps, détaillez la carotte en longues bandes fines. Mettez-les dans un saladier en acier inoxydable ou en verre, ajoutez le mélange au vinaigre, couvrez et laissez reposer au réfrigérateur pendant au moins 3 heures (jusqu'à toute la nuit).

SAUCE VIETNAMIENNE Faites chauffer l'eau, le vinaigre, le nuoc-mâm et le sucre dans une petite casserole à feu doux, en remuant, jusqu'à ce que le sucre soit dissous. Ajoutez l'ail et le piment et transvasez la sauce dans un bocal avec un couvercle à vis.

ASTUCES Vous pouvez conserver la sauce vietnamienne et la carotte marinée au réfrigérateur à couvert jusqu'à un mois. Pour cette recette, vous aurez besoin d'un grand poulet cuit. Nous avons utilisé un éplucheur à julienne pour obtenir de longues et fines bandes de carotte. Vous trouverez des conseils pour hacher les légumes page 22.

COMMENT POCHER LE POULET POUR LA SALADE

Mettez 3 litres d'eau dans une grande casserole avec 1 oignon jaune grossièrement haché (200 g), 12 oignons nouveaux grossièrement hachés, 2 cuillerées à café de poivre noir en grains et 1 cuillerée à soupe de sel de mer. Couvrez et portez à ébullition, puis baissez à feu doux et laissez mijoter à couvert pendant 10 minutes. Ajoutez un poulet entier de 2 kg ou 2 kg de pilons de poulet dans la casserole ; portez de nouveau à ébullition puis laissez mijoter à feu doux pendant 10 minutes. Retirez la casserole du feu et mettez un couvercle ; laissez reposer pendant au moins 30 minutes pour des pilons de poulet, pendant 2 heures pour un poulet entier. Le bouillon chaud achèvera de cuire le poulet. Sortez le poulet du bouillon et détaillez-le en lanières. Filtrez le bouillon et placez-le au réfrigérateur jusqu'à ce qu'il soit froid. Écumez la graisse à la surface. Le bouillon peut être conservé au réfrigérateur jusqu'à 3 jours, et au congélateur jusqu'à 3 mois. Utilisez-le dans des soupes et des sauces.

ÉPICES

ACHETER DES ÉPICES

Si vous avez besoin d'épices fraîches, comme du gingembre ou du curcuma, n'achetez que les quantités nécessaires et utilisez-les dans la semaine suivant l'achat. Les épices séchées perdent rapidement leur saveur, il est donc important de les acheter dans un magasin de confiance qui renouvelle souvent ses stocks. La qualité est importante, alors ne vous procurez pas des épices n'importe où. Pour de meilleurs résultats, achetez des épices entières si vous en trouvez et réduisez-les en poudre ou râpez-les selon vos besoins.

Comment les conserver

Conservez les épices dans un endroit sec à l'abri de sources de chaleur ou de lumière, dans des emballages ou des boîtes hermétiques. Toutes les épices se détériorent avec le temps et perdent de leur saveur. Vérifiez leur état au moins une fois par an et jetez celles dont la date limite de consommation est dépassée. Si vous préparez un plat avec de vieilles épices, le résultat sera décevant.

3 FAÇONS DE REPÉRER DES ÉPICES PÉRIMÉES

1

Familiarisez-vous avec l'odeur des épices que vous venez d'acheter pour remarquer plus facilement un éventuel changement.

2

Sentez une pincée d'une épice qui approche de sa date limite de consommation, et concentrez-vous sur son arôme et sa force. Si elle ne sent pas beaucoup, il est temps de la jeter.

3

Raclez un peu de noix de muscade entière avec un couteau et cassez un morceau de cannelle ou de clou de girofle. Fiez-vous à votre odorat pour savoir si les épices sont encore fraîches.

ASTUCE

Il est déconseillé de conserver les épices au réfrigérateur. Lorsqu'elles passent du froid au chaud pour être utilisées puis sont remises au froid, de la condensation peut se former dans l'emballage et abîmer son contenu.

? COMMENT MOUDRE DES ÉPICES

VOUS POUVEZ MOUDRE DES ÉPICES ENTIÈRES DANS UN MORTIER TRADITIONNEL AVEC UN PILON, EN LES ÉCRASANT AVEC UN MOUVEMENT CIRCULAIRE. VOUS POUVEZ ÉGALEMENT UTILISER UN MOULIN À CAFÉ QUE VOUS RÉSERVEZ À CET USAGE. PASSEZ UN MORCEAU DE PAIN BLANC DANS LE MOULIN APRÈS AVOIR MOULU LES ÉPICES AFIN DE NETTOYER LES ÉVENTUELS RÉSIDUS QUI RISQUERAIENT DE SE MÊLER AUX ÉPICES QUE VOUS MOUDREZ ENSUITE.

ÉPICES COMMUNES

ANIS ÉTOILÉ Fruit séché en forme d'étoile d'un arbre du sud de la Chine et du nord du Viêt Nam, qui contient de toutes petites graines dans chacun de ses huit pétales. Cette épice possède un goût anisé fort.

CANNELLE Écorce intérieure séchée d'un arbre sri-lankais, à l'arôme sucré, chaud et boisé. Elle s'utilise entière ou moulue dans des plats sucrés aussi bien que salés.

CARDAMOME Fruit séché d'une plante ressemblant au lis, se présentant sous la forme d'une capsule. Son arôme est chaud et légèrement piquant, avec une note d'eucalyptus.

CLOUS DE GIROFLE Boutons floraux encore fermés et séchés d'un arbre tropical. Ils possèdent une saveur et un parfum intenses et piquants, et s'emploient entiers ou moulus dans des recettes sucrées et salées.

CORIANDRE Fruits séchés de la plante du même nom, appelés graines. Elles possèdent un arôme doux, sucré et légèrement citronné.

CUMIN Petit fruit de forme allongée d'une plante de l'est de la Méditerranée, à la saveur chaude, terreuse et un peu piquante.

CURCUMA Rhizome (tige souterraine à l'aspect de racine) juteux à la chair orange d'une plante tropicale de la famille du gingembre. C'est une épice jaune vif avec une saveur chaude et poivrée.

GINGEMBRE RHIZOME (tige souterraine à l'aspect de racine) d'une plante tropicale, avec un goût sucré et piquant.

GRAINES DE CARVI Issues d'une plante poussant à l'état sauvage en Europe et en Asie, elles possèdent une saveur fraîche d'anis.

GRAINES DE FENOUIL Graines ovales qui apportent une saveur fraîche et anisée aux plats.

GRAINES DE MOUTARDE Les graines brunes et blanches proviennent toutes deux de plantes de la famille du chou, mais la variété blanche est plus douce. Les graines séchées n'ont pas beaucoup de goût et sont peu parfumées, mais leur saveur forte et piquante est activée lorsqu'elles sont mises en contact avec des liquides ou de l'huile.

NOIX DE MUSCADE & MACIS La noix de muscade est la graine dure en forme d'œuf d'un arbre tropical originaire d'Indonésie. Le macis est la fine couche dentelée entourant la noix de muscade. La noix de muscade possède une saveur puissante et légèrement piquante ; celle du macis est similaire, mais elle est plus douce et plus sucrée.

PAPRIKA Obtenu à partir des graines séchées et moulues de membres de la famille du poivron. Il peut être doux, fort ou fumé.

PIMENT DE CAYENNE Poudre de piment obtenue à partir de piments d'intensité variable. À utiliser avec parcimonie.

POIVRE DE LA JAMAÏQUE Baie séchée d'un arbre originaire d'Amérique centrale. On l'appelle également tout-épice ou quatre-épices. Son odeur évoque un mélange de clou de girofle, de cannelle et de muscade.

SAFRAN Stigmates séchés d'une variété de crocus violet. C'est la plus chère de toutes les épices. Sa saveur est puissante et rappelle celle de l'amande amère. Le safran donne une tonalité jaune doré aux plats dans lesquels on l'ajoute.

SUMAC Baies moulues de couleur pourpre d'un arbuste moyen-oriental. Utilisez cette épice pour parfumer du poisson, de l'agneau ou du poulet.

Q+R

QUELLE EST LA DIFFÉRENCE ENTRE UNE ÉPICE ET UNE HERBE ?

Généralement, une herbe aromatique est la feuille d'une plante, tandis que les autres parties – écorce, racines, baies – sont des épices. Par exemple, l'herbe que l'on appelle coriandre est la feuille de la plante du même nom, tandis que l'épice connue sous le nom de coriandre est le fruit sec de la même plante. La plupart des épices sont employées séchées.

Q+R

ON PRÊTE AU CLOU DE GIROFLE DES PROPRIÉTÉS THÉRAPEUTIQUES. EST-CE VRAI ?

Le clou de girofle, en fait le bouton floral séché du giroflier, possède des propriétés antiseptiques et anesthésiques, efficaces notamment pour soulager les maux de dents. Il est aussi réputé être antibactérien. En cuisine, il a de nombreuses utilisations, entier ou bien en poudre et mélangé avec d'autres épices.

MÉLANGES D'ÉPICES

LES CUISINES DU MONDE ENTIER ONT DÉVELOPPÉ DES MÉLANGES D'ÉPICES VARIÉES UNIQUES QUI APPORTENT UNE SAVEUR CARACTÉRISTIQUE À LEURS SPÉCIALITÉS. ON PEUT DÉSORMAIS RETROUVER FACILEMENT LA PLUPART D'ENTRE EUX DANS LE COMMERCE. LES MÉLANGES D'ÉPICES PEUVENT DIFFÉRER D'UN FABRICANT À L'AUTRE.

MÉLANGE	CONTIENT	DISPONIBLE	EMPLOIS
BAHARAT	Il peut être composé des épices suivantes : poivre noir, poivre de la Jamaïque, cannelle, gingembre, clou de girofle, piment, paprika, sumac, noix de muscade, cumin et cardamome.	Séché, dans certaines épiceries fines et dans les épiceries moyen-orientales.	Employé dans la cuisine moyen-orientale. On en frotte du poisson, du bœuf ou de l'agneau avant la cuisson. Il ajoute une saveur exotique aux rôtis et ragoûts, et se marie particulièrement bien avec l'agneau. On l'utilise également dans des currys de poisson.
CHERMOULA	Mélange d'épices d'Afrique du Nord, qui peut être constitué de cumin, de paprika, d'oignon, de curcuma, de piment de Cayenne, d'ail, de persil, de poivre et de feuilles de coriandre séchées.	Sous forme de pâte fraîche ou de poudre, dans les épiceries fines et les épiceries moyen-orientales.	On s'en sert comme marinade pour apporter une saveur marocaine à des viandes et des poissons grillés, rôtis ou cuits au barbecue.
DUKKAH	Mélange d'épices égyptien réalisé avec des fruits à coque, des graines et des épices (généralement cumin et coriandre), grillés.	Sec, dans les épiceries fines.	Il est le plus souvent servi avec du pain croustillant et de l'huile d'olive. On l'utilise aussi comme panure pour du poulet ou du poisson, et on en saupoudre du yaourt, des légumes ou des salades.
GARAM MASALA	Garam masala signifie « mélange d'épices ». C'est un mélange salé avec une touche poivrée, originaire du nord de l'Inde.	En poudre, dans les épiceries asiatiques et les épiceries fines.	Utilisé dans la cuisine indienne dans les currys. On le saupoudre aussi parfois sur le plat final.
HARISSA	Pâte tunisienne très épicée obtenue en broyant des piments avec du paprika, du carvi, des graines de coriandre et de cumin, de l'ail et de la menthe.	Sous forme de pâte, dans les épiceries fines et les épiceries moyen-orientales.	On s'en sert pour assaisonner des viandes, par exemple des brochettes, et comme condiment.
RAS EL-HANOUT	Mélange d'épices nord-africain qui varie d'un épicier à l'autre. Il peut contenir les épices suivantes : carvi, cardamome, piment de Cayenne, clou de girofle, cannelle, piment en poudre, coriandre, poivre, safran et curcuma.	Sec, dans les épiceries fines et les épiceries moyen-orientales.	Utilisé dans les tagines, frotté sur de la viande, incorporé dans des plats de riz ou saupoudré sur un plat avant de le servir.
ZA'ATAR	Il peut être composé de graines de sésame, d'origan, de marjolaine, de thym, de sumac.	Secs, dans les épiceries fines et les épiceries moyen-orientales.	Utilisé dans la cuisine libanaise et syrienne, surtout avec des féculents comme le pain et les pommes de terre. Très bon frotté sur du poulet

GARAM MASALA
CHERMOULA
Baharat
Za'atar
Harissa
Ras el-hanout
Dukkah

SAUCISSES D'AGNEAU, LABNÉ, DUKKAH & SALADE DE TOMATES

TEMPS DE PRÉPARATION + CUISSON 50 MIN (+ RÉFRIGÉRATION)
POUR 4 PERSONNES

2 cuillerées à café d'huile d'olive
8 saucisses d'agneau épaisses (880 g)
400 g d'un mélange de tomates, coupées en tranches épaisses
125 g de tomates cerises en grappe, coupées en deux
½ petit oignon rouge (50 g), coupé en fines tranches
1 cuillerée à soupe d'huile d'olive, en supplément
1 cuillerée à soupe de jus de citron
250 g de roquette
180 g de labné, égoutté
¼ de cuillerée à café de sumac

DUKKAH
110 g d'amandes émondées
35 g de graines de sésame
1 cuillerée à soupe de graines de coriandre
1 cuillerée à soupe de graines de cumin
1 cuillerée à café de flocons de sel de mer
½ cuillerée à café de poivre noir fraîchement moulu

1 Préparez le dukkah.
2 Mettez l'huile à chauffer dans une grande poêle et faites cuire les saucisses pendant 8 minutes, ou jusqu'à ce qu'elles soient dorées sur toute leur surface.
3 Mélangez les tomates, l'oignon, l'huile d'olive supplémentaire et le jus de citron dans un saladier et assaisonnez à votre goût.
4 Servez les saucisses avec la salade de tomates, la roquette, le labné saupoudré de sumac et le dukkah.

DUKKAH Préchauffez le four à 180 °C (th. 6). Étalez les amandes sur une plaque de four et les graines de sésame sur une autre. Faites-les rôtir pendant 10 minutes ou jusqu'à ce qu'elles soient grillées, puis laissez refroidir. Pendant ce temps, faites griller à sec dans une petite poêle les graines de coriandre et de cumin, en remuant, jusqu'à ce que leurs arômes se libèrent. Laissez refroidir. Réduisez en poudre les graines de coriandre et de cumin dans un mortier avec un pilon ou dans un moulin à épices. Mixez finement les amandes, puis mélangez-les avec toutes les graines dans un bol et incorporez le sel et le poivre. Conservez le dukkah dans une boîte hermétique.

SUGGESTION D'ACCOMPAGNEMENT
Servez avec du pain plat et des quartiers de citron.

ASTUCES Dans les supermarchés et chez les marchands de fruits et légumes, on trouve parfois des mélanges de tomates de différentes tailles et couleurs. Le labné est un fromage au yaourt mariné dans de l'huile, que l'on peut acheter dans les épiceries moyen-orientales ou sur Internet.

ASTUCES

LE DUKKAH PEUT ÊTRE PRÉPARÉ DEUX SEMAINES À L'AVANCE ET CONSERVÉ DANS UNE BOÎTE HERMÉTIQUE DANS UN ENDROIT FRAIS ET SEC. SI VOUS AVEZ UN RESTE DE DUKKAH, SAUPOUDREZ-EN DE L'AGNEAU GRILLÉ OU BIEN SERVEZ-LE AVEC DU PAIN ET DE L'HUILE D'OLIVE (TREMPEZ LE PAIN DANS L'HUILE PUIS DANS LE DUKKAH).

POULET BRAISÉ AU BEURRE

TEMPS DE PRÉPARATION + CUISSON 4 H 30 (+ RÉFRIGÉRATION)
POUR 6 PERSONNES

- 12 cuisses de poulet (2,5 kg), sans la peau
- 2 cuillerées à soupe de jus de citron
- 1 cuillerée à café de piment en poudre
- 200 g de yaourt à la grecque
- 5 cm de gingembre frais (25 g), râpé
- 2 cuillerées à café de garam masala
- 50 g de beurre
- 1 cuillerée à soupe d'huile végétale
- 1 oignon jaune, moyen (150 g), finement haché
- 4 gousses d'ail pilées
- 1 cuillerée à café de coriandre moulue
- 1 cuillerée à café de cumin moulu
- 1 cuillerée à café de paprika doux
- 2 cuillerées à soupe de concentré de tomate
- 410 g de pulpe de tomate en boîte
- 160 ml de bouillon de poulet
- 2 cuillerées à soupe de miel
- 1 bâton de cannelle
- 80 ml de crème liquide
- 80 g de ricotta
- 8 cuillerées à soupe de feuilles de coriandre fraîche

ASTUCE

À DÉFAUT D'UNE MIJOTEUSE, VOUS POUVEZ FAIRE MIJOTER LE POULET AU BEURRE À FEU DOUX PENDANT ENVIRON 1 H 30 À COUVERT, OU JUSQU'À CE QU'IL SOIT TENDRE.

1. Mettez les cuisses de poulet, le jus de citron et le piment en poudre dans un grand saladier. Couvrez et placez au réfrigérateur pendant 30 minutes.
2. Ajoutez le yaourt, le gingembre et la moitié du garam masala à la marinade du poulet et mélangez bien.
3. Mettez le beurre et l'huile à chauffer dans une grande poêle et faites cuire les cuisses de poulet par petites quantités jusqu'à ce qu'elles soient dorées sur toute leur surface. Placez-les ensuite dans une grande mijoteuse d'une contenance de 4,5 litres. Ajoutez l'oignon et l'ail dans la grande poêle et faites cuire, en remuant, jusqu'à ce que l'oignon soit tendre. Ajoutez le reste de garam masala et les épices moulues, et faites cuire, en remuant, jusqu'à ce que le mélange libère ses arômes. Retirez la poêle du feu ; incorporez le concentré de tomate, la pulpe de tomate, le bouillon, le miel et la cannelle. Transvasez cette préparation dans la mijoteuse et faites cuire doucement, à couvert, pendant 4 heures.
4. Incorporez la crème et assaisonnez à votre goût.
5. Recouvrez de ricotta et de feuilles de coriandre avant de servir.

SUGGESTION D'ACCOMPAGNEMENT

Servez avec du riz basmati cuit à la vapeur et du pain naan chaud.

Q+R

MA RECETTE DE CURRY INDIQUE DE FAIRE REVENIR LA PÂTE D'ÉPICES À LA POÊLE PENDANT PLUSIEURS MINUTES OU « JUSQU'À CE QUE SES ARÔMES SE LIBÈRENT ». QU'EST-CE QUE CELA SIGNIFIE ?

On fait cuire une pâte d'épices à la poêle pour la débarrasser de son goût « cru ». Il faut la faire revenir à feu doux pendant 1 à 2 minutes environ afin que sa saveur devienne plus riche et que ses « arômes » soient perceptibles. Si vous utilisez une pâte de curry – faite maison ou achetée dans le commerce – sans la faire cuire à la poêle au préalable, vous constaterez qu'elle manque de goût.

7.

modes de cuisson

Pour être un bon cuisinier, il est indispensable de comprendre certaines bases à propos des méthodes de cuisson. Dans ce chapitre, nous vous en présentons toute une série, comme la friture ou la cuisson au barbecue. En suivant les instructions pour chacune d'entre elles, vous ne laisserez plus de place au hasard en cuisinant. De plus, vous pourrez mettre en pratique ce que vous avez appris en réalisant les recettes correspondant aux différents modes de cuisson.

CUISSON À LA POÊLE

Sauter

LES ALIMENTS SONT CUITS À TEMPÉRATURE ÉLEVÉE AVEC JUSTE CE QU'IL FAUT D'HUILE OU DE BEURRE POUR COUVRIR LA BASE DE LA POÊLE. ON PARLE DE FAIRE « SAUTER » LES ALIMENTS CAR ON DOIT LES REMUER OU LES RETOURNER POUR LES FAIRE COLORER DE FAÇON UNIFORME. C'EST UN MODE DE CUISSON QUE L'ON UTILISE SOUVENT AVEC LES POMMES DE TERRE.

CUIRE À SEC

Les aliments sont cuits dans une poêle sans matière grasse, et colorent grâce à la matière grasse ou à l'huile qu'ils contiennent. On a recours à cette méthode avec les aliments riches en matière grasse comme les fruits à coque, les graines, la noix de coco, les saucisses et le bacon.

TOASTER

Les aliments sont cuits à la chaleur sèche, sans huile ni liquide, au four, dans une poêle ou au grille-pain. Cette méthode n'est pas seulement employée pour le pain, mais aussi pour les fruits à coque, la noix de coco et les graines.

Faire revenir

LES ALIMENTS SONT CUITS DANS DU BEURRE OU DE L'HUILE CHAUDE, À TEMPÉRATURE SUFFISAMMENT ÉLEVÉE POUR QU'ILS COLORENT. FAIRE REVENIR DES OIGNONS EST UNE ÉTAPE DE BASE DE BEAUCOUP DE RECETTES.

POÊLER

Les aliments sont cuits lentement à couvert dans une petite quantité d'huile et/ou de beurre chauffé dans une poêle. On emploie généralement cette méthode pour les morceaux de viande tendres et fins comme les escalopes de veau ou de poulet, les steaks minute et les filets de poisson. Commencez par passer légèrement la viande ou le poisson dans de la farine assaisonnée pour protéger la chair délicate durant la cuisson et pour qu'elle reste tendre. On sert souvent les aliments poêlés avec une sauce à base de jus de cuisson qui reste dans la poêle, de bouillon ou de crème et d'assaisonnements (voir Sauces, page 30).

Cuire au wok

LES ALIMENTS SONT DÉTAILLÉS EN MORCEAUX DE TAILLE ÉGALE PUIS ON LES FAIT CUIRE SUR FEU VIF DANS UNE PETITE QUANTITÉ D'HUILE, EN REMUANT.

RÉUSSIR LA CUISSON AU WOK

1

Avant de commencer, assurez-vous que tous les aliments sont préparés et mesurés, et à portée de main.

2

Détaillez les légumes en morceaux de taille égale de manière qu'ils cuisent tous au même rythme. Vous pouvez les couper en diagonale pour augmenter leur exposition à la chaleur du wok. Votre plat sera par ailleurs plus esthétique.

3

Faites chauffer vivement le wok, ajoutez l'huile puis inclinez le wok pour en recouvrir toute sa surface.

4

Ajoutez les légumes dans le wok en commençant par ceux qui cuisent le plus longtemps. Par exemple, les poivrons cuisent plus vite que les carottes. Les légumes qui nécessitent la durée de cuisson la plus courte sont les légumes verts à feuilles. Faites cuire les aliments par petites quantités pour que le wok reste chaud.

Rissoler

LES ALIMENTS SONT CUITS DANS UN PLAT À SAUTER, UNE POÊLE OU UNE COCOTTE, DANS UN CORPS GRAS TRÈS CHAUD.

LES ALIMENTS QUI SE PRÊTENT À CE MODE DE CUISSON SONT LES MORCEAUX TENDRES DE VIANDE, LE POULET, LE POISSON ET LES LÉGUMES. LES VIANDES SONT PARFOIS ENROBÉES DE CHAPELURE AVANT LA CUISSON.

- Coupez tous les aliments finement pour qu'ils cuisent de façon uniforme.
- Faites en sorte de garder l'huile à une température constante – moyenne-élevée – pour que les aliments soient tendres à l'intérieur et non pas graisseux.
- Placez les aliments dans l'huile chaude et faites-les cuire jusqu'à ce qu'ils colorent d'un côté, puis retournez-les et faites-les colorer de l'autre côté. Si vous les faites cuire par petites quantités, pensez à retirer les éventuels résidus dans la poêle et changez l'huile avant de mettre à cuire le reste.
- Égouttez tous les aliments sur du papier absorbant.

FRIRE

On fait cuire les aliments en les immergeant dans un bain d'huile. Ils deviennent ainsi rapidement croustillants à l'extérieur et très chauds à l'intérieur. Ce mode de cuisson est principalement employé pour les frites, les poissons et les tempuras. On peut utiliser de l'huile d'arachide, de carthame, de tournesol, de son de riz, de pépins de raisin, ainsi que la plupart des huiles mélangées.

ATTENTION !

ASSUREZ-VOUS QU'IL N'Y A PAS D'ENFANTS DANS LES PARAGES QUAND VOUS FAITES FRIRE DES ALIMENTS. NE SOULEVEZ OU DÉPLACEZ JAMAIS LA FRITEUSE TANT QUE L'HUILE N'EST PAS COMPLÈTEMENT REFROIDIE.

5 ÉTAPES POUR RÉUSSIR SES FRITURES

1

Gardez l'huile à la bonne température. Si l'huile est trop chaude, l'extérieur des aliments brûlera avant que l'intérieur soit cuit. Si l'huile est à la bonne température et que les aliments n'y sont pas plongés trop longtemps, l'huile ne pénétrera pas à l'intérieur et les aliments ne deviendront pas lourds et graisseux. Vérifiez la température de l'huile à l'aide d'un thermomètre pour friture, ou bien plongez verticalement une baguette en bois sèche ou le manche d'une cuillère en bois au milieu de l'huile. Si l'huile bouillonne autour, c'est le signe qu'elle est assez chaude pour que vous commenciez à y ajouter les aliments.

2

Ne remplissez jamais une poêle ou une friteuse d'huile à plus d'un tiers ou de la moitié de sa hauteur car elle bouillonnera au moment de l'ajout des aliments.

3

Les aliments que vous faites frire doivent être de taille uniforme pour cuire au même rythme.

4

Ne faites pas frire une quantité d'aliments trop importante à la fois ; ils doivent pouvoir flotter librement sans se toucher. Si vous en mettez trop, la température de l'huile risque de baisser ; les aliments seront alors graisseux.

5

Changez l'huile après l'avoir utilisée quelques fois, ou bien si elle devient foncée.

POULET À LA CONFITURE DE PIMENT & AUX NOIX DE CAJOU

TEMPS DE PRÉPARATION + CUISSON 25 MIN • POUR 4 PERSONNES

625 g de blancs de poulet, coupés en fines tranches
2 cuillerées à soupe de confiture de piment
1 ½ cuillerée à soupe d'huile d'arachide
150 g de noix de cajou crues
625 g de choy sum, grossièrement haché
180 ml d'eau

1 Mélangez les tranches de poulet et la moitié de la confiture de piment dans un saladier.

2 Mettez l'huile dans un wok chaud, ajoutez les noix de cajou et faites-les revenir rapidement jusqu'à ce qu'elles colorent légèrement. Sortez-les du wok avec une écumoire.

3 Faites revenir le poulet dans le wok par petites quantités dans le reste d'huile jusqu'à ce qu'il soit cuit. Sortez-le du wok.

4 Mettez le choy sum, le reste de confiture de piment et l'eau dans le wok, et faites cuire jusqu'à ce que le choy sum soit tendre. Remettez le poulet et les noix de cajou dans le wok et faites chauffer en remuant. Assaisonnez à votre goût.

ASTUCES

ON TROUVE DE LA CONFITURE DE PIMENT DANS LES ÉPICERIES ASIATIQUES ET LES ÉPICERIES FINES. IL EN EXISTE DIFFÉRENTS TYPES, D'INTENSITÉ VARIÉE. LA PREMIÈRE FOIS QUE VOUS TESTEZ CETTE RECETTE, UTILISEZ UNE PETITE QUANTITÉ DE CONFITURE DE PIMENT, PUIS AJUSTEZ SELON VOS GOÛTS.

SUGGESTION D'ACCOMPAGNEMENT
SERVEZ AVEC DU RIZ JASMIN CUIT À LA VAPEUR.

ASTUCE

AVANT DE FAIRE CUIRE DE LA VOLAILLE OU DE LA VIANDE AU WOK, SÉCHEZ-LA SOIGNEUSEMENT AVEC DU PAPIER ABSORBANT. VOUS ÉVITEREZ AINSI QU'ELLE CUISE À LA VAPEUR.

CALAMARS AU SEL & AU POIVRE

TEMPS DE PRÉPARATION + CUISSON 45 MIN • POUR 4 PERSONNES

600 g de blancs de calamar
35 g de farine tous usages
1 ½ cuillerée à café de flocons de sel de mer
1 ½ cuillerée à café de poivre noir concassé
1 cuillerée à café de flocons de piment
Huile végétale, pour la friture
1 grosse tomate (220 g), épépinée et finement hachée
40 g de pousses de roquette

AÏOLI AU CITRON
2 jaunes d'œufs
1 cuillerée à café de moutarde de Dijon
160 ml d'huile d'olive vierge extra
80 ml d'huile d'olive
2 cuillerées à soupe de jus de citron
2 gousses d'ail écrasées

1 Préparez l'aïoli au citron.
2 Ouvrez les blancs de calamar et incisez la chair en croisillons. Coupez-les en deux dans la longueur puis détaillez les moitiés en bandes épaisses dans l'autre sens.
3 Mélangez la farine, le sel, le poivre et le piment dans un saladier. Passez-y les bandes de calamar pour les recouvrir de farine assaisonnée puis secouez-les pour éliminer l'excédent.
4 Mettez l'huile à chauffer dans un wok et faites frire les bandes de calamar par petites quantités jusqu'à ce qu'elles soient tendres. Égouttez sur du papier absorbant.
5 Disposez la tomate et la roquette dans un petit saladier puis mélangez doucement.
6 Servez les calamars avec la salade de roquette et de tomate, et l'aïoli au citron.

AÏOLI AU CITRON Fouettez les jaunes d'œufs et la moutarde dans un saladier. Ajoutez progressivement les huiles préalablement mélangées, en un mince filet régulier, en fouettant jusqu'à ce que la préparation épaississe. Incorporez le jus de citron et l'ail et assaisonnez à votre goût.

ASTUCE

POUR RECOUVRIR RAPIDEMENT LES CALAMARS DE FARINE ASSAISONNÉE, PLACEZ LA FARINE, LE SEL, LE POIVRE ET LE PIMENT DANS UN SAC EN PLASTIQUE SOLIDE PUIS AJOUTEZ LES BANDES DE CALAMAR. TENEZ LE SAC FERMÉ EN SERRANT BIEN PUIS SECOUEZ DOUCEMENT. SORTEZ LES BANDES DE CALAMAR DU SAC ET AGITEZ-LES POUR RETIRER L'EXCÉDENT DE FARINE.

POUR PRÉPARER DES CALAMARS, SAISISSEZ LA TÊTE ET TIREZ POUR LA SÉPARER DU CORPS AVEC LES ENTRAILLES. ÔTEZ LA PLUME TRANSPARENTE (COQUILLE INTERNE) PUIS COUPEZ LES TENTACULES JUSTE EN DESSOUS DES YEUX. RETIREZ LE BEC ET LA MEMBRANE QUI RECOUVRE LE CORPS ET LES NAGEOIRES. LAVEZ BIEN LES BLANCS DE CALAMAR.

OUVREZ LE BLANC DE CALAMAR ET INCISEZ L'INTÉRIEUR EN CROISILLONS. COUPEZ EN DEUX DANS LA LONGUEUR, PUIS DÉTAILLEZ EN BANDES ÉPAISSES DANS L'AUTRE SENS.

CUISSON AU FOUR

« RÔTIR » EST UN MODE DE CUISSON QUI CONSISTE À FAIRE CUIRE AU FOUR DES ALIMENTS DANS UN PLAT SANS LES COUVRIR. LORSQUE LE PLAT EST RECOUVERT DE FROMAGE OU DE CHAPELURE, ON DIT QU'ON LE FAIT « GRATINER ».

Aller dans le sens inverse des fibres

Qu'elles soient détaillées en tranches ou en gros morceaux, les viandes et les volailles doivent être coupées dans le sens inverse des fibres (sauf indication contraire dans la recette) car elles seront plus tendres ainsi. Avant de couper de la viande crue, placez-la quelque temps au congélateur pour vous faciliter la tâche. La viande maigre est composée de fibres musculaires longues et fines regroupées par faisceaux, qui déterminent sa texture ; la viande à grain fin est constituée de petites fibres regroupées en petits faisceaux, tandis que la viande à gros grain est constituée de fibres plus larges, regroupées en faisceaux de taille plus importante. En coupant la viande dans le sens des fibres, on obtient des tranches plus fibreuses et difficiles à mâcher, tandis qu'en la coupant dans le sens inverse, on réduit la taille des fibres pour une viande moins filandreuse et plus tendre.

SAUCE AU JUS DE VIANDE SAVOUREUSE

Ajoutez de la saveur à vos viandes ou à vos volailles en deux temps trois mouvements : faites rôtir des oignons coupés en tranches et des gousses d'ail pelées en même temps que votre viande ou votre volaille, et ajoutez un peu de bouillon pour éviter que le jus de cuisson brûle. Une fois la viande ou la volaille cuite, versez le jus de cuisson dans un récipient et écumez la graisse à la surface. Mettez 2 cuillerées à soupe de graisse ou 40 g de beurre dans un plat à four et faites chauffer sur le feu ; ajoutez 2 cuillerées à soupe de farine tous usages et faites bien colorer en remuant. Ajoutez progressivement le jus de cuisson (avec les oignons et l'ail) et un peu de bouillon en supplément, et portez à ébullition en remuant ; ajoutez suffisamment de bouillon ou d'eau pour atteindre la consistance et le goût recherchés.

?

LE SAVIEZ-VOUS ?

DANS DE NOMBREUX FOURS, LA CUISSON N'EST PAS UNIFORME : ILS CHAUFFENT PLUS À CERTAINS ENDROITS QU'À D'AUTRES, CERTAINS APPAREILS CHAUFFANT DAVANTAGE VERS LE FOND. ALORS QUE FAIRE ? VÉRIFIEZ VOTRE RÔTI UNE OU DEUX FOIS PENDANT LA CUISSON ET RETOURNEZ LE PLAT SI NÉCESSAIRE AFIN D'OBTENIR UNE CUISSON ET UNE COLORATION HOMOGÈNES.

5 ASTUCES POUR UN POULET RÔTI PARFAIT

1

Avant de faire rôtir un poulet, rincez-le à l'eau froide puis séchez-le soigneusement avec du papier absorbant pour que la peau soit plus croustillante.

2

Attachez les pattes du poulet pour qu'il garde sa forme pendant la cuisson.

3

Placez le poulet sur une plaque de four huilée dans le plat à four pour éviter qu'il ne colle et que la peau ne se déchire.

4

Ajoutez du liquide dans le plat à four – bouillon, vin, eau. Cela permet de créer de la vapeur, de garder le poulet tendre et d'éviter que le jus de cuisson brûle.

5

Arrosez le poulet pendant la cuisson pour favoriser la coloration de la peau et préserver la tendreté de la chair.

Q+R

POURQUOI DOIT-ON LAISSER REPOSER UN RÔTI AVANT DE LE DÉCOUPER ?

Une fois que vos viandes et volailles sont cuites et sorties du four, laissez-les reposer dans un endroit chaud. Les gros morceaux de viande et les volailles entières doivent reposer pendant 15 minutes ; 5 minutes suffisent pour des morceaux de viande et de volaille plus petits. Cela permet de répartir uniformément le jus et de détendre la viande pour un résultat plus juteux.

CHOISIR UNE GRILLE À RÔTIR

CERTAINS CUISINIERS POSENT LEURS RÔTIS SUR UNE GRILLE, D'AUTRES NON. SI VOUS AVEZ L'HABITUDE DE RÔTIR DES LÉGUMES AVEC VOTRE VIANDE, ÉVITEZ LES GRILLES PLATES QUI NE VOUS LAISSERONT PAS ASSEZ DE PLACE ; PRÉFÉREZ LES GRILLES EN FORME DE BERCEAU, PLUS ADAPTÉES. VOUS AUREZ PLUS D'ESPACE SUR LES CÔTÉS POUR FAIRE RÔTIR DES GROS MORCEAUX DE POMMES DE TERRE, PAR EXEMPLE. QUELLE QUE SOIT LA MÉTHODE UTILISÉE, AJOUTEZ UN PEU DE BOUILLON, DE VIN OU D'EAU DANS LE PLAT POUR ÉVITER QUE LES ALIMENTS BRÛLENT.

ASTUCES

AVANT D'ACHETER UN NOUVEAU PLAT À RÔTIR, N'OUBLIEZ PAS DE MESURER L'INTÉRIEUR DU FOUR. OPTEZ POUR UN PLAT LOURD ET RÉSISTANT ; LE PRIX EST UN BON INDICATEUR DE QUALITÉ. SI VOUS EN PRENEZ SOIN, VOUS DEVRIEZ LE GARDER TOUTE VOTRE VIE.

POITRINE DE PORC RÔTIE AU CIDRE

TEMPS DE PRÉPARATION + CUISSON 3 H 45 • POUR 4 PERSONNES

1,5 kg de poitrine de porc avec la couenne
2 cuillerées à soupe de romarin frais, finement haché
1 cuillerée à soupe de flocons de sel de mer
330 ml de cidre
4 panais moyens (1 kg)
4 gousses d'ail
375 ml de bouillon de poulet ou de légumes à teneur réduite en sel
2 pommes vertes, moyennes (300 g)
800 g de lentilles brunes, en boîte

1. Préchauffez le four à 240 °C (th. 8).
2. À l'aide d'un couteau tranchant, incisez la couenne de porc en croisillons. Placez le porc dans un grand plat à rôtir, côté couenne vers le haut. Mélangez le romarin et le sel puis frottez le porc de ce mélange. Faites rôtir le porc sans couvrir pendant 20 minutes environ, ou jusqu'à ce que la couenne commence à cloquer et à craqueler.
3. Baissez la température du four à 160 °C (th. 5-6). Ajoutez le cidre dans le plat et continuez à faire rôtir, sans couvrir, pendant 1 heure 15.
4. Pendant ce temps, épluchez les panais et détaillez-les en quartiers. Pelez les gousses d'ail. Ajoutez les panais, l'ail et le bouillon dans le plat, et continuez la cuisson pendant encore 45 minutes.
5. Détaillez les pommes en quartiers sans les éplucher. Rincez et égouttez les lentilles. Ajoutez les pommes et les lentilles dans le plat, puis remettez celui-ci au four. Faites cuire sans couvrir pendant encore 30 minutes, ou jusqu'à ce que les pommes soient tendres. Assaisonnez à votre goût.

ASTUCES

POUR QUE LA COUENNE DEVIENNE BIEN CROUSTILLANTE, ELLE DOIT ÊTRE VRAIMENT SÈCHE. PLACEZ LE MORCEAU DE POITRINE DE PORC AU RÉFRIGÉRATEUR PENDANT UNE NUIT SANS COUVRIR LA COUENNE, MAIS RECOUVREZ LA CHAIR DE FILM PLASTIQUE POUR ÉVITER QU'ELLE SE DESSÈCHE.

GRATIN DE PÂTES FARCIES À LA RICOTTA & AUX COURGETTES

TEMPS DE PRÉPARATION + CUISSON 1 H • POUR 4 PERSONNES

- 3 courgettes moyennes (360 g)
- 2 gousses d'ail
- 320 g de ricotta ferme
- 80 g de parmesan, finement râpé
- 50 g de pignons de pin grillés
- 3 jaunes d'œufs
- 1 cuillerée à soupe de feuilles de thym citron frais
- ½ cuillerée à café de flocons de piment séchés
- 1,3 kg de sauce tomate pour pâtes en bocal
- 250 g de grosses conchiglionis
- 8 cuillerées à soupe de petites feuilles de basilic frais

1. Préchauffez le four à 200 °C (th. 6-7). Huilez un plat à four peu profond d'une contenance de 2,5 litres.
2. Râpez grossièrement les courgettes. Pelez les gousses d'ail et pilez-les. Mélangez les courgettes, l'ail, la ricotta, 60 g de parmesan, les pignons de pin, les jaunes d'œufs, le thym citron et le piment dans un saladier ; assaisonnez.
3. Répartissez la sauce tomate dans le plat et assaisonnez. Farcissez les pâtes crues du mélange aux courgettes puis disposez-les dans le plat.
4. Couvrez le plat de papier d'aluminium et faites cuire au four pendant 30 minutes. Retirez le papier et poursuivez la cuisson pendant 15 minutes environ, ou jusqu'à ce que les pâtes soient tendres et que le fromage soit légèrement doré. Parsemez de basilic et du reste de parmesan avant de servir.

ASTUCES

LES GRATINS DE PÂTES SONT DES PLATS FAMILIAUX TRÈS APPRÉCIÉS. C'EST UNE MANIÈRE SIMPLE D'ASSOCIER DES FÉCULENTS, DE LA VIANDE, DES LÉGUMES ET DU FROMAGE. DISPOSEZ LES INGRÉDIENTS EN COUCHES DANS UN PLAT À FOUR OU BIEN MÉLANGEZ-LES, PUIS RECOUVREZ DE FROMAGE OU DE SAUCE BÉCHAMEL POUR OBTENIR UNE DÉLICIEUSE CROÛTE DORÉE.

CUISSON À L'EAU BOUILLANTE & À LA VAPEUR

Bouillir

Cette méthode consiste à faire chauffer le liquide dans lequel on va faire cuire les aliments jusqu'à ce que des bulles remontent vivement et de manière continue à la surface. L'eau bout à gros bouillons lorsque la surface est recouverte de bulles. Elle n'est pas plus chaude à vive ébullition qu'à ébullition douce.

Cuisson à la vapeur

Les aliments sont mis dans un panier vapeur au-dessus d'une casserole d'eau bouillante (ou d'un autre liquide) et recouverts avec un couvercle bien ajusté. L'eau ne doit pas toucher le panier vapeur ou les aliments. Contrainte de circuler sous le couvercle, la vapeur cuit les aliments.

Pourquoi cuire à la vapeur ?

La cuisson à la vapeur est un mode de cuisson rapide, simple et sans matière grasse. On l'emploie surtout parce qu'elle préserve les saveurs et les textures. Les aliments fragiles comme le poisson se prêtent merveilleusement bien à la cuisson à la vapeur. On peut aussi y avoir recours pour réaliser de délicieux entremets sucrés.

FRÉMIR

On fait chauffer lentement le liquide dans lequel les aliments sont cuits de manière qu'il soit au seuil de l'ébullition, c'est-à-dire que sa surface frémisse et que des bulles remontent doucement à la surface.

DES PÂTES PARFAITES

FAITES BOUILLIR L'EAU À GROS BOUILLONS DANS UNE GRANDE CASSEROLE, SALEZ-LA PUIS AJOUTEZ PETIT À PETIT LES PÂTES. REMUEZ ET MAINTENEZ L'EAU À VIVE ÉBULLITION ; LES PÂTES DOIVENT BOUGER DANS LA CASSEROLE. GOÛTEZ UNE PÂTE POUR TESTER LA CUISSON. ELLES DOIVENT ÊTRE *AL DENTE*, C'EST-À-DIRE CUITES MAIS ENCORE UN PEU FERMES SOUS LA DENT.

3 TYPES DE PANIERS VAPEUR

1

Les paniers vapeur pliants en métal (paniers marguerite) sont composés de pétales perforés en acier inoxydable disposés en cercle, qui se chevauchent et s'ouvrent pour s'adapter à la taille de la casserole.

2

Les paniers vapeur perforés en métal ressemblent à des casseroles fines, dont la base est parsemée de trous. On pose le panier vapeur sur une casserole de taille adaptée.

3

Les paniers vapeur en bambou sont utilisés pour certains plats asiatiques et peuvent être superposés ; on peut ainsi faire cuire différents plats en même temps.

LE SAVIEZ-VOUS ?

LES BIENFAITS DES LÉGUMES CUITS À LA VAPEUR SONT DAVANTAGE PRÉSERVÉS QU'AVEC UNE CUISSON À L'EAU BOUILLANTE CAR LA PERTE DE NUTRIMENTS ET DE VITAMINES EST MOINS IMPORTANTE.

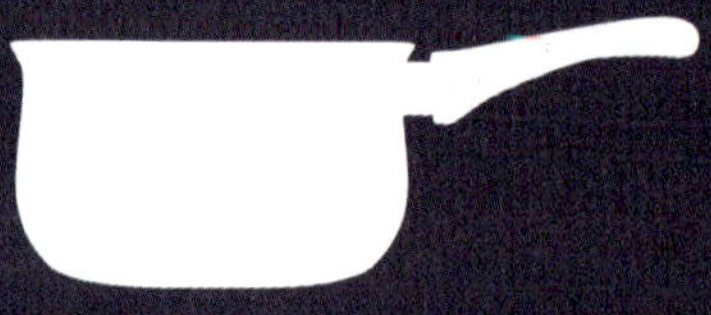

CUISSON À L'ÉTOUFFÉE

Q+R

QU'EST-CE QU'UN RAGOÛT ?

C'est un plat composé de petits morceaux de viande, de poisson ou de légumes cuits dans une casserole, généralement à couvert. On peut faire cuire un ragoût sur le feu, à la chaleur directe, ou bien au four dans une cocotte, où la chaleur circule autour du plat. Un rôti en cocotte est une grosse pièce de viande ou un poulet entier que l'on fait généralement cuire sur un lit de légumes avec très peu de liquide, sur le feu.

BRAISER

FAIRE CUIRE LENTEMENT DES PIÈCES DE VIANDE ET DES LÉGUMES DANS UNE PETITE QUANTITÉ DE LIQUIDE, DANS UN RÉCIPIENT FERMÉ PEU PROFOND, SUR LE FEU OU AU FOUR. DANS UN PREMIER TEMPS, ON FAIT DORER LA VIANDE ET LA VOLAILLE.

Mijoter

Mode de cuisson consistant à faire cuire des aliments dans une petite quantité de liquide, très lentement et à feu très doux. On peut le faire sur le feu ou bien au four, mais on se sert souvent d'une mijoteuse.

CUIRE SOUS PRESSION

MÉTHODE DE CUISSON PLUS RAPIDE POUR LES ALIMENTS QUE L'ON FAIT GÉNÉRALEMENT MIJOTER. ELLE CONSISTE À ENFERMER HERMÉTIQUEMENT DANS UN AUTOCUISEUR DES ALIMENTS AVEC UN LIQUIDE ET LA VAPEUR QUI APPARAÎT ; ILS ATTEIGNENT ALORS UNE TEMPÉRATURE TRÈS ÉLEVÉE – BIEN PLUS ÉLEVÉE QU'AVEC LES AUTRES TECHNIQUES DE CUISSON – QUI ATTENDRIT LES FIBRES DES ALIMENTS.

3 CONSEILS POUR UTILISER UNE MIJOTEUSE

1

Une cuisson lente et longue permet d'attendrir même les morceaux de viande les plus coriaces. La mijoteuse est principalement utilisée pour faire cuire des morceaux à braiser ou des ragoûts.

2

Ce mode de cuisson n'est généralement pas adapté aux fruits de mer car ils durcissent rapidement. Vous pouvez cependant préparer une sauce à la mijoteuse et y ajouter des fruits de mer juste avant de servir.

3

Faire dorer la viande avant de la faire mijoter permet de rehausser sa saveur et de lui donner une belle couleur. Avec certains appareils, vous pouvez faire colorer la viande et les légumes sur le feu en plaçant la cocotte sur le feu ; il est parfois même possible de le faire lorsque la cocotte est dans la coque. Consultez toujours la notice avant de vous lancer. Si vous avez un doute, faites dorer la viande et les légumes dans une poêle séparée avant de les placer dans la mijoteuse.

JARRETS DE VEAU À L'ITALIENNE

TEMPS DE PRÉPARATION + CUISSON 2 H 30 • POUR 4 PERSONNES

- 1 cuillerée à soupe d'huile d'olive
- 4 morceaux épais de jarret de veau (1,2 kg)
- 90 g d'olives vertes dénoyautées, grossièrement hachées
- 1 citron moyen (140 g), coupé en quartiers
- 520 g de sauce tomate pour pâtes en bocal
- 500 ml d'eau
- 4 filets d'anchois égouttés, grossièrement hachés
- 120 g de ricotta ferme
- 40 g de parmesan, finement râpé
- 8 cuillerées à soupe de persil plat frais, grossièrement haché

1. Préchauffez le four à 160 °C (th. 5-6).
2. Mettez l'huile à chauffer sur le feu dans un grand plat résistant au feu, puis faites cuire le veau jusqu'à ce qu'il soit doré.
3. Ajoutez les olives, le citron, la sauce et l'eau dans le plat ; assaisonnez. Couvrez le plat et faites cuire au four pendant 2 heures.
4. Augmentez la température du four à 200 °C (th. 6-7).
5. Ajoutez les anchois dans le plat et mélangez. Recouvrez de ricotta émiettée et de parmesan. Faites cuire au four sans couvrir pendant 15 minutes environ, ou jusqu'à ce que le fromage soit doré. Parsemez de persil avant de servir.

ASTUCES

AVANT D'ENFOURNER VOTRE PLAT, VOUS POUVEZ RECOUVRIR SA SURFACE D'UN MORCEAU DE PAPIER CUISSON DE TAILLE ADAPTÉE. CELA PERMET D'ÉVITER QUE LA VIANDE SE DESSÈCHE. AJOUTEZ UN COUVERCLE OU DU PAPIER D'ALUMINIUM SUR LE PLAT.

CURRY DE BŒUF MASSAMAN À LA MIJOTEUSE

TEMPS DE PRÉPARATION + CUISSON 8 H 45 • POUR 6 PERSONNES

2 cuillerées à soupe d'huile d'arachide
2 gros oignons jaunes (400 g), détaillés en fins quartiers
1 kg de macreuse de bœuf, détaillée en morceaux de 3 cm de côté
200 g de pâte de curry massaman
250 ml de lait de coco
250 ml de bouillon de poulet
2 bâtons de cannelle
2 feuilles de laurier séchées
3 pommes de terre moyennes (600 g), grossièrement hachées
70 g de cacahuètes grillées, non salées
2 cuillerées à soupe de sucre roux
1 cuillerée à soupe de nuoc-mâm (ou de nam pla)
8 cuillerées à soupe de feuilles de coriandre fraîche
1 citron vert, détaillé en quartiers

1 Mettez la moitié de l'huile à chauffer dans une grande poêle et faites cuire les oignons en remuant pendant 10 minutes environ, ou jusqu'à ce qu'ils soient légèrement dorés. Placez-les dans une mijoteuse d'une contenance de 4,5 litres.

2 Mettez le reste d'huile à chauffer dans la même poêle et faites cuire le bœuf par petites quantités jusqu'à ce qu'il soit doré. Ajoutez la pâte de curry et faites cuire en remuant pendant 1 minute environ, ou jusqu'à ce que ses arômes se libèrent. Mettez le tout dans la mijoteuse.

3 Ajoutez le lait de coco, le bouillon de poulet, les bâtons de cannelle, les feuilles de laurier, les pommes de terre et les cacahuètes dans la mijoteuse. Faites cuire à couvert, à basse température, pendant 8 heures.

4 Jetez les bâtons de cannelle et les feuilles de laurier puis incorporez le sucre et le nuoc-mâm. Parsemez de coriandre et accompagnez de quartiers de citron vert.

SUGGESTION D'ACCOMPAGNEMENT
Servez avec du riz basmati.

VOUS POUVEZ AUSSI
UTILISER UN MORCEAU
DE PALERON POUR
CETTE RECETTE.

BARBECUE & GRIL

CUISSON AU BARBECUE

CE MODE DE CUISSON CONSISTE À FAIRE CUIRE LES ALIMENTS SUR UNE PLAQUE OU UNE GRILLE DE BARBECUE, EN EXTÉRIEUR. IL EXISTE DES BARBECUES AU CHARBON, AU GAZ OU ÉLECTRIQUES.

La difficulté du barbecue

L'objectif est de faire cuire entièrement les aliments avant qu'ils soient carbonisés sur l'extérieur. Veillez à ce que la plaque ou la grille soit située assez près de la source de chaleur pour que les aliments colorent, mais assez loin pour éviter qu'ils brûlent. Espacez les aliments sur la grille pour assurer une cuisson uniforme.

CUISSON AU GRIL

Les aliments sont cuits sous un gril et la source de chaleur vient d'en haut. On utilise généralement une grille ou une plaque perforée que l'on place au-dessus d'un récipient peu profond destiné à recueillir la graisse et le jus qui s'écoule des aliments pendant la cuisson. On peut aussi s'en servir sur le feu pour obtenir des aliments uniformément et délicieusement dorés – des côtelettes d'agneau aux frittatas. C'est un mode de cuisson sain parce que l'excédent de graisse s'écoule.

LE SAVIEZ-VOUS ?

LA VIANDE, LE POISSON ET LA VOLAILLE CUISENT DE FAÇON PLUS UNIFORME LORSQU'ON LES RAMÈNE À TEMPÉRATURE AMBIANTE AVANT DE LES FAIRE CUIRE AU BARBECUE OU SOUS LE GRIL.

4 CONSEILS POUR BIEN FAIRE GRILLER

1

Vérifiez la hauteur de la grille ou de la plaque de four : les aliments doivent être proches de la résistance mais ne pas la toucher. Préchauffez le gril à température élevée avant de commencer la cuisson afin que les aliments commencent à brunir tout de suite.

2

Les aliments que vous souhaitez griller à température élevée doivent être tendres et assez petits. Badigeonnez-les ou vaporisez-les d'huile juste avant de commencer la cuisson.

3

Faites cuire avec soin les aliments de taille plus importante, sinon ils risquent d'être presque crus à l'intérieur alors qu'ils sont dorés à l'extérieur. Les recettes conseillent souvent de faire griller les aliments à température élevée dans un premier temps puis de baisser la température et de poursuivre la cuisson jusqu'à ce que les aliments soient cuits. Si vous ne pouvez pas régler la température de votre four en mode gril, baissez la plaque sur laquelle cuisent les aliments pour qu'ils soient moins exposés à la chaleur.

4

Si vous voulez faire griller du poisson, sachez que seuls les filets épais sans la peau ou bien les petits poissons entiers se prêtent à ce mode de cuisson.

MICRO-ONDES

Cuisson au micro-ondes

Ce mode de cuisson est similaire à la cuisson à la vapeur ; les micro-ondes pénètrent dans les aliments en chauffant rapidement les molécules qu'ils contiennent (eau, gras, sucre), ce qui a pour résultat de les faire cuire en très peu de temps grâce à la conduction de chaleur. N'utilisez votre four à micro-ondes que ce pour quoi il est fait. Par exemple, vous ne pouvez pas y faire dorer des aliments car leur surface ne devient pas plus chaude que l'intérieur (certains fours à micro-ondes sont cependant équipés d'une fonction pour le faire, ou d'un plat croustilleur).

ASTUCES

L'emplacement des aliments dans le four à micro-ondes est important. En général, les aliments situés près des parois du micro-ondes cuisent plus rapidement que ceux situés au centre. Tenez-en compte et disposez-les en anneaux, en plaçant les plus épais ou ceux qui mettent le plus longtemps à cuire sur l'extérieur et ceux qui cuisent le plus rapidement au milieu, ou bien à la façon des rayons d'une roue, avec les parties les plus dures ou les plus épaisses à l'extérieur, et les plus tendres ou fines au centre. Ce n'est pas grave s'ils se superposent car les ondes y pénétreront malgré tout.

PRATICITÉ DU MICRO-ONDES

- Il permet de réchauffer tout et n'importe quoi, d'une tasse de thé que vous avez laissé reposer trop longtemps à l'assiette d'un convive arrivé tardivement, en passant par des restes. C'est un appareil idéal pour réchauffer des plats surgelés du commerce et des légumes.
- Il est idéal pour faire fondre et ramollir du chocolat et du beurre ; du miel qui a cristallisé ; des légumineuses et des haricots.
- Les légumes y cuisent sans perdre leur croquant, leur couleur ou leurs vitamines ; les filets de poisson et de poulet y sont très tendres. Il permet aussi de faire du riz à la vapeur ; de la polenta et certains desserts.

Q+R

QUEL TYPE DE MATÉRIAU PEUT-ON METTRE AU FOUR À MICRO-ONDES SANS RISQUE POUR LE RÉCIPIENT OU POUR L'APPAREIL ?

Les plats, tasses et assiettes en verre, porcelaine, faïence et carton conviennent à une cuisson au micro-ondes, à l'exception de ceux ornés de décorations métalliques (par exemple sur les bordures). La plupart des récipients métalliques ne sont pas adaptés car les micro-ondes ne peuvent pas pénétrer le métal. Le papier absorbant est utile pour faire chauffer des aliments de petite taille, comme des petits pains. Si vous vous servez beaucoup de votre four à micro-ondes, vous pouvez investir dans des récipients spécialement conçus à cet effet, équipés de couvercles ajustés et ventilés.

BROCHETTES DE POULET GRILLÉ AU CITRON

TEMPS DE PRÉPARATION + CUISSON 30 MIN • POUR 8 PERSONNES

125 ml d'huile d'olive
125 ml de jus de citron
1,5 kg de cuisses de poulet désossées, coupées en gros morceaux
2 cuillerées à café d'origan séché
2 cuillerées à café de gros sel de cuisine
1 cuillerée à café de poivre blanc, moulu
1 citron moyen (140 g), détaillé en quartiers

1. Mixez l'huile et le jus de citron jusqu'à l'obtention d'un mélange homogène.
2. Mélangez le poulet, l'origan, le sel, le poivre et la moitié de la préparation au citron dans un saladier. Enfilez les morceaux de poulet sur huit brochettes en métal huilées.
3. Faites cuire les brochettes sur un barbecue chaud et huilé (ou dans une poêle-gril ou un gril) pendant 5 minutes de chaque côté environ, en les badigeonnant souvent du reste de la préparation au citron.
4. Servez les brochettes avec les quartiers de citron.

SUGGESTION D'ACCOMPAGNEMENT
Servez avec de la salade verte.

ASTUCE

VOUS POUVEZ FAIRE SÉCHER VOUS-MÊME VOTRE ORIGAN : RASSEMBLEZ DES TIGES D'ORIGAN, FAITES-EN UN BOUQUET ET ENFERMEZ-LE DANS UN SAC EN PAPIER. SUSPENDEZ-LE ENSUITE DANS UN ENDROIT SEC ET AÉRÉ, LA TÊTE EN BAS.

8.

viandes & volailles

Bœuf, veau, agneau, porc et volailles : dans ce chapitre, nous passons en revue les principales viandes que nous consommons. Vous y découvrirez les meilleures manières de les cuisiner, ainsi que de nombreuses informations sur les modes de cuisson des différents morceaux, et des conseils pour acheter, conserver et cuire ces différentes viandes ; la cuisson d'un steak parfait n'aura plus de secrets pour vous ! Les recettes choisies vous permettront de mettre en pratique ce que vous avez appris.

BŒUF & VEAU

LE BŒUF PEUT ÊTRE NOURRI À L'HERBE (EXCLUSIVEMENT SUR DES PÂTURAGES) OU AUX CÉRÉALES (ALIMENTATION ESSENTIELLEMENT COMPOSÉE DE CÉRÉALES PENDANT TROIS MOIS). ON LAISSE TOUJOURS REPOSER LE BŒUF (ENTREPOSÉ DANS DES EMBALLAGES HERMÉTIQUES EN CHAMBRE FROIDE) PENDANT ENVIRON DEUX SEMAINES APRÈS L'ABATTAGE AFIN QUE L'ACTION NATURELLE DES ENZYMES PUISSE AUGMENTER SA TENDRETÉ.

LE SAVIEZ-VOUS ?

Les morceaux de bœuf les plus tendres et les plus chers proviennent des parties de l'animal qui ont fait le moins d'exercice, c'est-à-dire celles situées le long du dos. Les pièces les moins chères sont issues des parties qui ont fait le plus d'exercice et ont développé davantage de tissu conjonctif (principalement responsable de la dureté d'une viande). Cela ne veut pas dire qu'il est toujours préférable d'utiliser les pièces les plus tendres et les plus chères. La saveur profonde et riche des plats braisés et des ragoûts provient de morceaux riches en tissu conjonctif, qui se dissout partiellement lorsqu'on fait cuire lentement la viande dans du liquide.

LE SAVIEZ-VOUS ?

Couper la viande dans le sens contraire des fibres permet d'obtenir des tranches plus tendres. La viande est composée de fibres musculaires de différentes tailles, rassemblées en faisceaux. En coupant dans l'autre sens, la viande est plus tendre.

Quelle quantité de bœuf prévoir ?

Cela dépend des appétits et du plat que vous cuisinez. Pour une personne, vous pouvez compter entre 125 et 150 g de bœuf désossé et entre 150 et 200 g de bœuf non désossé (bifteck d'aloyau ou rôti avec os, par exemple).

Q+R

LA VIANDE DE BŒUF COÛTE SOUVENT CHER, ET J'AI PEUR DE MAL LA PRÉPARER. COMMENT SAVOIR QUAND ELLE EST CUITE CORRECTEMENT ?

Pour faire rôtir du bœuf, il est conseillé d'investir dans un thermomètre à viande. Il vous suffira de suivre les instructions pour savoir à quel moment la viande est cuite à votre convenance. À défaut d'un thermomètre, insérez une brochette fine au centre et regardez attentivement le jus qui s'écoule. S'il est rouge, c'est que la viande est saignante ; s'il est rosé, c'est qu'elle est à point ; s'il est transparent, c'est qu'elle est bien cuite. Si vous faites cuire un steak, exercez une pression sur sa surface avec un doigt ou des pinces. Un steak saignant est tendre et moelleux, un steak à point est souple mais élastique, et un steak bien cuit est ferme.

VEAU

LA VIANDE DE VEAU ISSUE D'ANIMAUX NOURRIS À L'HERBE EST ROSE OU ROUGE-ROSE. LORSQU'ILS ONT ÉTÉ NOURRIS UNIQUEMENT AU LAIT, LA VIANDE EST TRÈS PÂLE ET EXTRÊMEMENT TENDRE, AVEC UNE SAVEUR PLUS DÉLICATE, ET ELLE EST PLUS CHÈRE.

Comment faire cuire du veau

ON LE FAIT GÉNÉRALEMENT CUIRE À CHALEUR HUMIDE, DOUCE À MODÉRÉE, SAUF DANS LE CAS DE RÔTIS (QUI SONT PROTÉGÉS DE LA CHALEUR CAR ON LES ARROSE RÉGULIÈREMENT PENDANT LA CUISSON), D'ESCALOPES – CUITES BRIÈVEMENT À FEU VIF –, ET DE CÔTELETTES ET DE STEAKS POÊLÉS, QUE L'ON FAIT DORER RAPIDEMENT À FEU VIF PUIS CUIRE À FEU DOUX.

ATTENTION

LE BŒUF HACHÉ, LES STEAKS HACHÉS, LES SAUCISSES ET LES BOULETTES DE BŒUF DOIVENT ÊTRE SERVIS BIEN CUITS ET NON SAIGNANTS OU ROSÉS. INSÉREZ UNE BROCHETTE DANS LA PARTIE LA PLUS ÉPAISSE DE LA VIANDE ; SI LE JUS EST TRANSPARENT, ELLE EST PRÊTE À ÊTRE CONSOMMÉE ; S'IL EST ENCORE ROSÉ, POURSUIVEZ LA CUISSON.

Q+R

POURQUOI LES RECETTES RECOMMANDENT-ELLES DE LAISSER REPOSER LA VIANDE UNE FOIS QU'ELLE A ÉTÉ RÔTIE, GRILLÉE OU CUITE À LA POÊLE, AVANT DE LA SERVIR ?

Laisser reposer la viande après la cuisson permet de répartir le jus et d'obtenir une viande plus tendre. Lorsqu'il s'agit de rôtis, la découpe est facilitée. Laissez reposer les viandes grillées ou cuites à la poêle enveloppées dans du papier d'aluminium pendant 5 à 10 minutes, dans un endroit chaud. Si c'est un rôti, enveloppez-le dans du papier d'aluminium en serrant bien et laissez-le reposer pendant 15 à 20 minutes.

ASTUCES

Les pièces tendres de bœuf se prêtent mieux à une cuisson à la poêle, au gril ou au barbecue. Le filet, le faux-filet, l'entrecôte, l'aloyau, le bifteck d'aloyau et le rumsteck sont tous des bons choix.

Un steak épais est plus facile à cuire saignant. Sortez la viande du réfrigérateur jusqu'à une demi-heure avant la cuisson pour qu'elle cuise de façon homogène.

Retirez l'excédent de gras mais laissez-en un peu pour que la viande reste moelleuse.

L'épaisseur est le principal paramètre à prendre en compte pour déterminer la durée de cuisson. Les morceaux désossés mettent moins de temps à cuire que ceux avec un os, et les pièces tendres cuisent plus rapidement que les morceaux plus fermes.

BEURRE AUX HERBES & AUX ANCHOIS

TEMPS DE PRÉPARATION 10 MIN (+ RÉFRIGÉRATION) • POUR 8 PERSONNES

200 g de beurre doux, ramolli
2 échalotes (50 g), grossièrement hachées
1 gousse d'ail pilée
4 filets d'anchois, grossièrement hachés
1 cuillerée à soupe de sauce Worcestershire
2 cuillerées à café de petites câpres, rincées et égouttées
2 cuillerées à soupe de persil plat frais, finement haché
1 cuillerée à soupe de basilic frais, finement haché

1. Mixez le beurre, les échalotes, l'ail, les anchois, la sauce et les câpres jusqu'à ce que les ingrédients soient juste mélangés. Transvasez la préparation dans un saladier, incorporez les herbes hachées et assaisonnez.
2. Placez la préparation au beurre sur un morceau de papier cuisson ou de film plastique ; façonnez-la en forme de bûche fine, puis enveloppez-la en serrant bien. Placez-la au réfrigérateur jusqu'à ce qu'elle soit ferme.
3. Sortez le beurre du réfrigérateur 15 minutes avant de servir. Servez des tranches de beurre sur des steaks chauds.

ASTUCES

En suivant cette recette, vous obtiendrez une quantité importante de beurre. Conservez le reste au réfrigérateur jusqu'à 1 semaine ou au congélateur pendant 2 mois. Vous pouvez aussi vous en servir pour rehausser le goût de pâtes chaudes ou d'une purée de pommes de terre.

SAIGNANT, À POINT OU BIEN CUIT ?

BLEU

Selon l'épaisseur du steak, faites-le cuire pendant quelques minutes de chaque côté.

SAIGNANT

Faites cuire la viande d'un côté jusqu'à ce que le jus apparaisse tout juste à la surface. Retournez-la et faites cuire l'autre côté jusqu'à ce que le jus soit visible.

À POINT

Faites cuire le steak d'un côté jusqu'à ce que le jus perle à la surface, puis faites cuire l'autre côté jusqu'à ce que le jus apparaisse.

BIEN CUIT

Faites cuire la viande d'un côté jusqu'à ce que le jus perle à la surface, puis faites de même de l'autre côté. Baissez légèrement le feu et laissez cuire jusqu'à ce que le steak soit ferme, mais encore un peu souple lorsque vous appuyez dessus avec des pinces.

TRÈS CUIT

Faites cuire le steak d'un côté jusqu'à ce que le jus perle à la surface, puis faites la même chose de l'autre côté. Baissez légèrement le feu et faites cuire le steak jusqu'à ce qu'il soit ferme, même lorsque vous appuyez dessus avec des pinces.

4 ÉTAPES POUR OBTENIR UN STEAK PARFAIT

1

Préchauffez une poêle à fond épais, une poêle-gril ou une grille de barbecue à température élevée. Badigeonnez légèrement le steak d'huile (il vaut mieux huiler la viande que la poêle) ; assaisonnez-le avec un peu de sel et de poivre fraîchement moulu puis mettez-le dans la poêle.

2

Faites cuire le steak à feu vif à votre convenance, en suivant les instructions de la page 120. Pour que la viande reste juteuse, retournez-la avec des pinces plutôt qu'avec une fourchette, seulement une fois ; chaque fois que vous la retournez, vous perdez le jus qui remonte à la surface de la viande.

3

Pour savoir si le steak est prêt, appuyez avec le côté des pinces sur la partie la plus épaisse (voir page 120). N'utilisez pas un couteau pour tester la cuisson, sinon le précieux jus s'écoulera.

4

Retirez le steak du feu et couvrez-le de papier d'aluminium sans serrer. Laissez reposer 5 minutes pour que la viande se détende ; ainsi elle sera plus juteuse et plus tendre. Utilisez le jus qui reste pour préparer une sauce ou versez-la sur la viande avant de servir.

AGNEAU

LA VIANDE D'AGNEAU PROVIENT GÉNÉRALEMENT D'ANIMAUX ÂGÉS DE MOINS DE 12 MOIS, QUI N'ONT PAS ENCORE DE DENTS DÉFINITIVES. LA VIANDE D'AGNEAU D'HERBE EST ISSUE D'ANIMAUX QUI ONT ENTRE 3 ET 10 MOIS ; SA SAVEUR EST DOUCE ET DÉLICATE. QUANT AUX AGNEAUX DE LAIT, IL S'AGIT D'ANIMAUX D'ENVIRON 8 SEMAINES, QUI ONT ÉTÉ NOURRIS EXCLUSIVEMENT DE LAIT. LEUR VIANDE EST TENDRE, DÉLICATE ET TRÈS FONDANTE, MAIS ON EN TROUVE PEU SUR LE MARCHÉ.

Quelle quantité d'agneau prévoir ?

POUR UNE PERSONNE, VOUS POUVEZ COMPTER ENTRE 125 ET 200 G D'AGNEAU DÉSOSSÉ, ET ENTRE 150 ET 250 G D'AGNEAU AVEC OS (CÔTELETTES PAR EXEMPLE).

! ATTENTION !

L'AGNEAU HACHÉ, LES SAUCISSES D'AGNEAU ET LES BOULETTES D'AGNEAU DOIVENT ÊTRE BIEN CUITS. NE LES SERVEZ PAS SAIGNANTS OU ROSÉS. INSÉREZ UNE BROCHETTE DANS LA PARTIE LA PLUS ÉPAISSE DE LA VIANDE : SI LE JUS EST TRANSPARENT, ELLE EST PRÊTE À ÊTRE CONSOMMÉE ; S'IL EST ENCORE ROSÉ, POURSUIVEZ LA CUISSON.

Q+R

QUE SIGNIFIE « AGNEAU EN PORTEFEUILLE » ?

C'est un morceau que l'on coupe le long du centre mais pas jusqu'au bout. Les deux moitiés sont ensuite ouvertes à plat, à la façon d'un portefeuille. On coupe souvent les pièces épaisses (côtes premières, par exemple) de cette manière pour accélérer leur cuisson. Un gigot d'agneau ouvert en portefeuille est un gigot entièrement désossé, débarrassé de l'excédent de graisse et étalé à plat pour la cuisson. Il cuit ainsi plus rapidement, et se prête bien à la cuisson au barbecue.

AGNEAU DE PRÉS-SALÉS

Les agneaux élevés dans les herbages côtiers de la baie de Somme et de la Manche profitent d'une alimentation riche en sel et en iode qui donne à leur viande une saveur bien particulière. La viande de très grande qualité de ces agneaux abattus entre 4 et 6 mois possède une saveur rare, très recherchée par les amateurs. L'agneau de prés-salés bénéficie de deux AOP, les prés-salés de la baie de Somme et les prés-salés de la baie du Mont-Saint-Michel.

Q+R

COMBIEN DE TEMPS FAUT-IL LAISSER CUIRE DE L'AGNEAU ?

La plupart des gens préfèrent l'agneau quand il est doré à l'extérieur mais encore rosé et juteux à l'intérieur, qu'il soit grillé, cuit à la poêle ou rôti. Lorsqu'il est à point, il est assez ferme et de couleur rose pâle, avec un jus transparent ou légèrement rosé. Quant à l'agneau rosé, il est tendre et rouge rosé à l'intérieur, avec un jus « saignant ».

PIÈCES D'AGNEAU & MODES DE CUISSON

MODE DE CUISSON	MORCEAUX ADAPTÉS
À BOUILLIR	Collier, poitrine, haut de côtes, ris, langue, pied
À BRAISER	Collier, côtes découvertes, gigot raccourci, poitrine, haut de côtes, épaule, épaule roulée, cœur, langue, pied
À GRILLER	Côtes découvertes, côtes secondes, côtes premières, filet, côte filet, selle, gigot raccourci, gigot entier, poitrine, haut de côtes, foie, cœur, rognons, animelle, riz
À RÔTIR	Côtes secondes, côtes premières, filet, côte filet, selle, gigot raccourci, gigot entier, poitrine, haut de côtes, épaule, épaule roulée

TZATZIKI

Cette sauce grecque au yaourt se marie parfaitement avec de nombreux plats méditerranéens à base d'agneau, comme l'épaule d'agneau braisée ou les brochettes d'agneau au barbecue. On peut la préparer rapidement pendant que l'agneau cuit repose.

Mélangez 1 mini concombre épluché et grossièrement râpé avec ½ cuillerée à café de sel dans un saladier ; laissez reposer 3 minutes. Essorez doucement le concombre pour en extraire l'eau. Remettez-le dans le saladier avec 200 g de yaourt à la grecque, 1 gousse d'ail pilée et 2 cuillerées à soupe de feuilles de menthe fraîche, hachées ; assaisonnez.

AGNEAU AU BARBECUE AU SOJA & AU GINGEMBRE

TEMPS DE PRÉPARATION + CUISSON 55 MIN (+ RÉFRIGÉRATION)
POUR 6 PERSONNES

1,5 kg de gigot d'agneau ouvert en portefeuille, dégraissé
180 ml de sauce soja japonaise
110 g de sucre roux
2 cuillerées à soupe d'huile d'olive
8 cm de gingembre frais (45 g), râpé
6 gousses d'ail pilées
80 ml d'eau

POMMES DE TERRE À LA CORIANDRE
750 g de petites pommes de terre nouvelles, coupées en deux
1 cuillerée à soupe d'huile d'olive
8 cuillerées à soupe de coriandre fraîche, finement hachée

1 Découpez l'agneau en deux morceaux de taille égale ; placez-les dans un grand plat peu profond avec la sauce soja, le sucre, l'huile, le gingembre et l'ail préalablement mélangés. Couvrez et laissez mariner au réfrigérateur pendant au moins 3 heures (jusqu'à toute la nuit).
2 Égouttez l'agneau au-dessus d'un saladier et réservez la marinade. Faites cuire l'agneau sur un barbecue chaud et huilé jusqu'à ce qu'il soit doré sur toute sa surface. Placez-le ensuite dans un plat en aluminium jetable et faites-le cuire sur le barbecue avec un couvercle en utilisant la chaleur indirecte, pendant 30 minutes environ ou à votre convenance. Couvrez et laissez reposer 10 minutes.
3 Pendant ce temps, préparez les pommes de terre à la coriandre.
4 Mettez la marinade réservée et l'eau dans une petite casserole et portez à ébullition. Baissez le feu et laissez mijoter sans couvrir pendant 5 minutes. Filtrez la sauce au-dessus d'une saucière.
5 Servez l'agneau coupé en tranches avec les pommes de terre à la coriandre ; arrosez de sauce.

POMMES DE TERRE À LA CORIANDRE Faites cuire les pommes de terre à l'eau bouillante, à la vapeur ou au micro-ondes jusqu'à ce qu'elles soient tendres ; égouttez-les. Placez les pommes de terre dans un grand saladier avec l'huile et la coriandre préalablement mélangées. Remuez doucement.

PORC

QUELLE QUANTITÉ DE PORC PRÉVOIR ?

Pour une personne, comptez entre 125 et 200 g de porc désossé, entre 150 et 200 g de porc avec quelques os (côtelettes, par exemple), et entre 375 et 500 g de morceaux très osseux, comme l'épaule de porc avec os ou les travers de porc.

COMMENT CHOISIR DU PORC

Choisissez du porc rose pâle ou rose-rouge avec un grain fin, une graisse blanche et ferme et une peau fine et lisse. C'est une viande naturellement tendre, mais les morceaux provenant des parties plus riches en tissu conjonctif doivent être cuits lentement à chaleur humide pour devenir bien moelleux.

MODE DE CUISSON	MORCEAUX ADAPTÉS
À BOUILLIR	Palette, jarret, plat de côtes, travers, poitrine
À BRAISER	Échine, filet mignon, pointe filet, jambon, palette, jarret, travers, poitrine
À GRILLER	Échine, côtes premières et secondes, côte filet, filet mignon, jambon, grillade, plat de côtes, travers, poitrine
À RÔTIR	Côtes premières et secondes, filet, côte filet, filet mignon, pointe filet, jambon, palette, jarret

3 ÉTAPES POUR UNE COUENNE RÔTIE PARFAITE

LA COUENNE GRILLÉE ET CROUSTILLANTE D'UN RÔTI EST UN VRAI DÉLICE. VOICI COMMENT LA RÉUSSIR À TOUS LES COUPS.

1

Faites inciser la couenne par le boucher ou bien faites-le vous-même en coupant dans la couenne jusqu'à la couche de graisse en dessous, tous les 1 cm environ. Attention à ne pas entamer la chair. Placez le rôti au réfrigérateur pendant une nuit, sans couvrir.

2

Frottez la couenne d'huile et de gros sel de cuisine.

3

Préchauffez le four à température maximale et faites cuire le rôti pendant 20 minutes, ou jusqu'à ce que des bulles apparaissent à la surface de la couenne, puis baissez à température moyenne et poursuivez la cuisson. Il ne faut pas arroser, couvrir ou retourner un rôti avec de la couenne.

Q+R

MA GRAND-MÈRE EST INQUIÈTE LORSQUE JE LUI SERS DU PORC ENCORE UN PEU ROSÉ AU CENTRE. JE LUI RÉTORQUE QUE LA VIANDE EST TRÈS SÈCHE SI ON LA CUIT TROP LONGTEMPS. QUI A RAISON ?

En France, les méthodes d'élevage modernes produisent des porcs en bonne santé. Les petits morceaux, particulièrement les morceaux maigres, sont plus juteux et tendres lorsqu'ils ne sont pas trop cuits. Faites-les cuire à feu moyen jusqu'à ce qu'ils soient à point. La viande doit reprendre sa forme quand vous appuyez sur sa surface avec un doigt ou avec le dos d'une pince à viande. La plupart des gens préfèrent le rôti de porc à point mais pas trop cuit. Comptez 30 minutes de cuisson pour 500 g si le rôti pèse plus de 3 kg, et 40 minutes par kilo si le rôti pèse moins de 3 kg. Pour tester la cuisson, utilisez un thermomètre à viande ou bien insérez une brochette fine dans le centre du morceau de viande vers la fin de la cuisson. Si la brochette y pénètre facilement et que le jus qui s'écoule est transparent, la viande est prête.

ATTENTION !

LE PORC HACHÉ, LES SAUCISSES DE PORC ET LES BOULETTES DE PORC DOIVENT ÊTRE BIEN CUITS. NE LES SERVEZ PAS SAIGNANTS OU ROSÉS.

Comment découper un jambon

1

Placez le jambon rôti sur un support à jambon ou sur un petit moule à gâteau pour le stabiliser.

2

Découpez seulement la quantité de jambon que vous avez prévu de manger car il se conserve mieux non tranché. Commencez par l'extrémité opposée au jarret (os), en tenant la fourchette à découper d'une main et le couteau à découper de l'autre : coupez de fines tranches à un angle légèrement incliné vers l'os. Effectuez un long mouvement continu sans appliquer trop de pression mais en laissant le couteau faire le travail pour vous.

3

Continuez à trancher le jambon vers l'extrémité du jarret (os). Placez les tranches une par une sur un plat, en les superposant. Au fur et à mesure que vous approchez de l'os, il vous faudra modifier l'angle du couteau. Retournez le jambon et découpez des tranches parallèles à l'os.

TRAVERS DE PORC CARAMÉLISÉS

TEMPS DE PRÉPARATION + CUISSON 2 H 35 (+ RÉFRIGÉRATION)
POUR 8 PERSONNES

3,5 kg de travers de porc

SAUCE BARBECUE
560 ml de ketchup
375 ml de vinaigre de cidre
80 ml d'huile d'olive
125 ml de sauce Worcestershire
165 g de sucre roux
95 g de moutarde forte
1 ½ cuillerée à café de poivre noir, concassé
3 piments rouges serrano, finement hachés
3 gousses d'ail pilées
60 ml de jus de citron

LE SAVIEZ-VOUS ?

Le travers de porc se cuisine de nombreuses façons, partout dans le monde. Grillé au barbecue, il est très prisé aux États-Unis ; à l'aigre-doux ou laqué, on le trouve dans la cuisine asiatique ; en France et dans les pays de l'Est européen, il figure dans les potées et les choucroutes.

1 Préparez la sauce barbecue.
2 Placez les travers de porc dans un grand plat à four profond ; badigeonnez les deux côtés de chaque travers de sauce barbecue, puis versez le reste de sauce dessus. Couvrez et placez au réfrigérateur pour la nuit, en retournant les travers de temps en temps dans la sauce.
3 Préchauffez le four à 160 °C (th. 5-6).
4 Égouttez les travers de porc et réservez un peu de sauce. Répartissez les travers sur deux grilles métalliques placées au-dessus de deux grands plats à rôtir peu profonds. Faites rôtir à couvert pendant 1 heure 30, en les badigeonnant de sauce toutes les 20 minutes. Retournez les travers à mi-cuisson.
5 Augmentez la température du four à 220 °C (th. 7-8). Découvrez les travers et faites-les rôtir 30 minutes, en les badigeonnant souvent de sauce, jusqu'à ce qu'ils soient dorés et bien cuits ; retournez-les au bout de 15 minutes.
6 Placez la sauce réservée dans une petite casserole et portez à ébullition. Baissez le feu et laissez mijoter en remuant pendant 4 minutes environ, ou jusqu'à ce que la sauce épaississe légèrement.
7 À l'aide de ciseaux de cuisine, découpez les travers en morceaux toutes les deux ou trois côtes. Servez-les avec la sauce barbecue chaude.

SAUCE BARBECUE Mélangez les ingrédients dans une casserole moyenne et portez à ébullition. Retirez du feu et laissez refroidir avant d'en badigeonner les travers.

SUGGESTION D'ACCOMPAGNEMENT
Servez avec de la salade de pommes de terre ou de coleslaw.

VOLAILLE

COMMENT LA CUIRE

POULET	MODES DE CUISSON
Entier	Rôti au four ou à la broche Poché
Morceaux	Braisés Grillés au four ou au barbecue
Blancs	À la poêle

CANARD	MODES DE CUISSON
Entier	À l'étouffée en cocotte Rôti au four (canette)
Cuisses	À l'étouffée en cocotte (confites)
Magrets	À la poêle Sous le gril du four

DINDE	MODES DE CUISSON
Entière	Rôtie au four Braisée en cocotte
Escalopes	À la poêle En papillote au four
Morceaux	Grillés au four ou au barbecue Braisés en cocotte Pochés

CAILLE	MODES DE CUISSON
Entière	Rôtie Grillée au barbecue Frite À la poêle
En crapaudine	Rôtie Grillée au barbecue Frite À la poêle
Filets Désossés avec la peau	Grillés au four ou au barbecue À la poêle

Q+R

MON POULET RÔTI EST TOUJOURS SEC. COMMENT FAIRE POUR QU'IL RESTE TENDRE ?

Cela peut se produire lorsque la température du four est trop élevée ou que le poulet est cuit pendant trop longtemps. Pour y remédier, vous pouvez couvrir le poulet avec du papier d'aluminium huilé pendant une heure, puis le retirer pour faire dorer le poulet pendant la fin de la cuisson. Une autre astuce consiste à faire rôtir le poulet, côté poitrine vers le bas. Enfin, vous pouvez également le recouvrir de tranches de bacon incisées en croisillons. Dans ce cas, ne couvrez pas le poulet de papier d'aluminium.

Quelle quantité de poulet prévoir ?

Pour une personne, comptez 375 g de poulet rôti ou frit et 500 g de poulet non désossé à faire griller ou cuire au barbecue. S'il s'agit de poulet non désossé destiné à être braisé, prévoyez entre 250 et 500 g par personne, et entre 150 et 200 g pour du poulet désossé.

COMMENT TROUSSER UN POULET

TROUSSER UN POULET SIGNIFIE ATTACHER SES MEMBRES POUR LUI DONNER UNE FORME NETTE ET COMPACTE AVANT DE LE FAIRE CUIRE. LES PATTES ET LES AILES SONT FICELÉES CONTRE LE CORPS. CELA PERMET AU POULET DE CUIRE DE FAÇON HOMOGÈNE ET DE GARDER SA FORME. LA MÉTHODE CI-DESSOUS PRÉSENTE L'AVANTAGE DE NE PAS MARQUER LA POITRINE DU POULET.

1

Placez le poulet sur le dos, faites un petit trou dans la peau au niveau de la base et retournez le croupion dans la volaille pour fermer la cavité. Tendez la peau du cou vers l'arrière et repliez les ailes sous le poulet afin que les pointes des ailes retiennent la peau.

2

Coupez un morceau de ficelle de cuisine assez long pour ficeler le poulet entier. Placez le centre de la ficelle sur l'extrémité du cou, faites passer la ficelle sur les ailes et croisez-la sous le poulet.

3

Faites remonter la ficelle pour fixer les cuisses, en l'enroulant deux fois autour si nécessaire.

4

Vous pouvez procéder de la même manière avec une dinde.

COMMENT DÉCOUPER UNE DINDE

UN SET DE DÉCOUPE DOIT ÊTRE COMPOSÉ D'UN LONG COUTEAU À TRANCHER MUNI D'UNE LAME D'AU MOINS 20 CM DE LONG, DE PRÉFÉRENCE NON DENTELÉE, D'UNE FOURCHETTE, DROITE OU COURBE, ET DE PINCES.

1

En tenant la dinde avec une fourchette à découper, écartez une des cuisses et passez le couteau au niveau de l'articulation pour couper la cuisse en un morceau (haut de cuisse et pilon).

2

Si la dinde pèse plus de 6 kg, tranchez la chair de la cuisse parallèlement à l'os. Retirez ensuite les ailes.

3

Découpez la poitrine en fines tranches parallèlement au bréchet. Répétez l'opération de l'autre côté et sortez l'assaisonnement préparé avec une cuillère.

ASTUCES

Insérez une brochette dans la partie la plus épaisse de la poitrine. Si le jus qui s'écoule est transparent, la dinde est cuite. Vous pouvez aussi insérer un thermomètre à viande dans la partie la plus épaisse de la cuisse, sans toucher les os ; la température doit être de 90 °C.

POULET AU MIEL ET AU SOJA & SALADE D'HERBES

TEMPS DE PRÉPARATION + CUISSON 35 MIN • POUR 4 PERSONNES

4 suprêmes de poulet de 250 g
40 g de feuilles de coriandre fraîche
25 g de feuilles de menthe fraîche
80 g de pousses de haricot mungo
2 piments rouges longs frais, coupés en fines tranches

MARINADE AU MIEL ET AU SOJA
70 ml de sauce soja
3 cuillerées à soupe de miel
1 cuillerée à soupe d'huile végétale
2 gousses d'ail pressées

1 Préchauffez le four à 220 °C (th. 7-8).

2 Préparez la marinade et versez-la dans un grand saladier. Ajoutez le poulet et mélangez bien pour bien l'enrober.

3 Mettez une grande poêle huilée à chauffer et faites cuire les suprêmes jusqu'à ce qu'ils soient dorés sur toute leur surface. Placez-les ensuite sur une plaque de four tapissée de papier cuisson et faites-les rôtir pendant 15 minutes environ, ou jusqu'à ce qu'ils soient cuits. Couvrez les suprêmes et laissez-les reposer 5 minutes avant de servir.

4 Pendant ce temps, mélangez les herbes, les pousses de haricot mungo et les piments dans un saladier. Servez le poulet avec la salade aux herbes.

SUGGESTION D'ACCOMPAGNEMENT
Servez avec du riz à la vapeur et des quartiers de citron vert.

MARINADE Versez tous les ingrédients dans un bol et poivrez, puis mélangez bien le tout.

LE SAVIEZ-VOUS ?

TRÈS POPULAIRE DANS LES RESTAURANTS EN RAISON DE SA PRÉSENTATION, LE SUPRÊME DE POULET EST UN MORCEAU DE POITRINE DE POULET DÉSOSSÉ AVEC LA PREMIÈRE PHALANGE DE L'AILE, AVEC LA PEAU.

CAILLES CARAMÉLISÉES À L'AIGRE-DOUX

TEMPS DE PRÉPARATION + CUISSON 1 H • POUR 4 PERSONNES

125 ml de vinaigre balsamique
1 cuillerée à soupe de miel
1 cuillerée à soupe de sucre roux
2 gousses d'ail pilées
1 piment rouge long frais, finement haché
1 cuillerée à café de graines de fenouil
6 cailles (960 g)
1 cuillerée à soupe de basilic frais, finement haché

SALADE AUX PIGNONS DE PIN
2 cuillerées à café d'huile d'olive
2 cuillerées à café de vinaigre balsamique
60 g de jeunes pousses de roquette
20 g de feuilles de basilic frais
1 miniconcombre (130 g), épépiné et coupé en fines rondelles
2 cuillerées à soupe de pignons de pin grillés

1 Faites chauffer le vinaigre, le miel et le sucre dans une petite casserole en remuant, sans laisser bouillir, jusqu'à ce que le sucre soit dissous. Portez à ébullition et laissez bouillir sans couvrir pendant 5 minutes environ, ou jusqu'à ce que le sirop épaississe légèrement. Retirez la casserole du feu ; incorporez l'ail, le piment et les graines de fenouil. Transvasez le sirop dans un grand saladier résistant à la chaleur et laissez refroidir.

2 Pendant ce temps, coupez les cailles le long de la colonne vertébrale à l'aide de ciseaux de cuisine. Jetez les colonnes vertébrales. Coupez chaque caille en deux le long du bréchet ; coupez de nouveau chacune en deux afin d'obtenir 24 morceaux.

3 Faites cuire les cailles sur un barbecue chaud et huilé (ou une poêle-gril ou un gril) avec un couvercle, en les retournant de temps en temps, pendant 15 minutes environ.

4 Pendant ce temps, préparez la salade aux pignons de pin.

5 Ajoutez les cailles chaudes dans le sirop avec le basilic ; mélangez bien. Servez les cailles avec la salade et parsemez-les de basilic finement haché en supplément, si vous le souhaitez.

SALADE AUX PIGNONS DE PIN
Mélangez au fouet l'huile et le vinaigre dans un grand saladier puis ajoutez le reste des ingrédients ; remuez doucement puis assaisonnez à votre goût.

9.

poissons & fruits de mer

Il y a beaucoup à apprendre sur les produits de la mer. Ceux que l'on retrouve dans nos assiettes ne viennent généralement pas de très loin ; les pêcheurs locaux ont un savoir très riche sur les eaux dans lesquelles ils pêchent, et acheter leur poisson est une garantie de qualité et de fraîcheur assurée (afficher la provenance du poisson et de son mode de production est désormais obligatoire). Dans ce chapitre, vous trouverez des informations qui vous aideront à faire cuire les poissons selon les modes de cuisson les plus adaptés, ainsi qu'une liste des différentes espèces de mollusques et de crustacés illustrée par des photos. Et, bien entendu, nous avons également inclus des recettes.

POISSONS ET CRUSTACÉS

EN PLUS D'ÊTRE DÉLICIEUX, LES PRODUITS DE LA MER SONT FACILES ET RAPIDES À CUISINER. LEUR TENEUR EN MATIÈRE GRASSE EST FAIBLE, MAIS LES LIPIDES QU'ILS CONTIENNENT FOURNISSENT DES OMÉGA 3, DES ACIDES GRAS ESSENTIELS QUI CONTRIBUENT À LA PRÉVENTION DE MALADIES CARDIOVASCULAIRES ET SOULAGENT L'ARTHRITE. IL EST RECOMMANDÉ DE CONSOMMER DES POISSONS ET DES CRUSTACÉS AU MOINS DEUX FOIS PAR SEMAINE.

Comment acheter LES POISSONS & LES CRUSTACÉS

Ne les achetez pas n'importe où, et privilégiez les bonnes poissonneries et les marchés aux poissons. Certains supermarchés disposent également de rayons poissonnerie.

Les poissons et les crustacés frais doivent avoir l'air propre. S'ils sentent trop fort, ils ne sont pas bons ; ils doivent avoir une odeur fraîche de « mer ».

Un poisson entier frais doit avoir une chair ferme – et non spongieuse –, des écailles serrées, des yeux brillants et des branchies rouges. La chair des filets doit être humide et ferme, ne pas être tachée, et adhérer aux arêtes.

Les crustacés (crabes, langoustines, homards, crevettes) et les mollusques (moules, huîtres, palourdes, calamars...) doivent avoir des coques ou une chair brillantes ; les tentacules, les têtes et la chair doivent être charnues, et fermes et intactes, tout comme les coques. Les coques doivent être fermées, ou se fermer quand on les tape doucement sur un plan de travail. Vérifiez que les charnières des coques ne sont pas tachées.

Les poissons et les fruits de mer cuits doivent avoir une odeur agréable ; les coques doivent être propres et pas abîmées.

Achetez des crabes, des homards et d'autres crustacés vivants ou cuits, et évitez de les manger crus, à moins qu'ils n'aient été correctement congelés.

COMMENT ÉBARBER DES MOULES

LA « BARBE » DES MOULES EST LE NOM QUE L'ON DONNE AU BYSSUS, L'ENSEMBLE DE FIBRES QU'ELLES SÉCRÈTENT ET QUI LEUR PERMET D'ADHÉRER AUX ROCHERS ET À D'AUTRES MOULES DANS LES FONDS MARINS.

- Avant de les ébarber, frottez les moules sur toute leur surface avec une brosse dure.
- Pour retirer la barbe, tenez la moule entre les doigts d'une main, attrapez la barbe avec l'autre main et donnez un coup sec dans la direction de la charnière (en tirant la barbe dans l'autre sens, vous risquez d'endommager la moule à l'intérieur de la coque).
- Jetez le byssus et rincez de nouveau la moule à l'eau froide.
- Séchez les moules avec du papier absorbant avant de les faire cuire.

5 ÉTAPES POUR RÉUSSIR POISSONS ET CRUSTACÉS

1

Tout d'abord, achetez les produits les plus frais que vous trouvez.

2

Ne les quittez pas des yeux pendant leur cuisson.

3

Retirez les poissons (ou les fruits de mer) du feu dès qu'ils deviennent opaques et blancs (ou rose clair dans le cas de crevettes et de poissons à chair rosée comme le saumon).

4

Pour tester la cuisson d'un poisson entier, enfoncez un cure-dents dans la partie la plus épaisse ; s'il y pénètre facilement, le poisson est prêt. Vous pouvez aussi insérer une fourchette dans un filet ; si la chair s'émiette, le poisson est prêt.

5

Préparez à l'avance tout ce dont vous avez besoin pour le repas, et servez le poisson et les crustacés dès qu'ils sont cuits.

? LE SAVIEZ-VOUS ?

Il n'est pas nécessaire d'enlever l'intestin des petites crevettes (le filament noir sur leur dos), si ce n'est pour des raisons esthétiques. Les grosses crevettes possèdent cependant une veine intestinale plus grosse, qui peut procurer une sensation désagréable en bouche. Pour l'enlever simplement, décortiquez la crevette puis incisez-la le long du dos pour exposer la veine intestinale. Tenez la crevette d'une main, côté coupé vers le haut, et de l'autre insérez un cure-dents sous la veine au centre du dos. Soulevez délicatement mais avec fermeté pour faire sortir la veine.

EXTRAIRE LA CHAIR D'UN CRABE

Tenez fermement le crabe. Glissez un couteau solide et aiguisé au niveau de l'arrière de la carapace et faites levier pour la séparer du corps. Retirez les branchies blanchâtres et jetez-les. Rincez bien le crabe à l'eau froide. Coupez le corps du crabe en quatre, ou selon les instructions de la recette, puis prélevez la chair de la carapace avec les doigts. Utilisez un maillet à viande ou un casse-noisettes pour casser les pinces et récupérez la chair.

Comment conserver LES POISSONS ET LES CRUSTACÉS

DÈS QUE VOUS RENTREZ CHEZ VOUS, PLACEZ LES POISSONS ET LES CRUSTACÉS FRAIS AU RÉFRIGÉRATEUR EN LES COUVRANT DE PAPIER D'ALUMINIUM SANS SERRER. SI VOUS AVEZ ACHETÉ DES CRUSTACÉS VIVANTS, CONSERVEZ-LES PLUTÔT DANS UN SAC EN TOILE DE JUTE PROPRE ET HUMIDE, DANS UN ENDROIT FRAIS. S'ILS SONT SURGELÉS, RANGEZ-LES AU CONGÉLATEUR DÈS VOTRE ARRIVÉE.

FRUITS DE MER

BULOTS Ces gastéropodes marins des côtes atlantiques à la coquille robuste en spirale sont très pêchés en Normandie. Ils sont devenus très prisés en France depuis quelques années. Les variétés de Méditerranée présentent une coquille un peu différente, plus allongée.

CALAMARS Mollusques sans coquille externe mais avec une longue « plume » à l'intérieur. Le blanc peut être coupé en anneaux ou en bandes, ou bien laissé entier et farci. Soit on fait cuire les calamars très rapidement, soit on les laisse mijoter lentement pendant une à deux heures. Les petits calamars sont tendres. De nombreux poissonniers vendent des blancs de calamar vidés ; attention, ils peuvent être coriaces s'ils sont trop cuits.

COQUES Ces petits coquillages aux coquilles striées de côtes nécessitent de dégorger pendant douze heures dans de l'eau de mer ou de l'eau très salée afin d'éliminer le sable qu'elles contiennent. Elles se mangent crues ou cuites, préparées de la même manière que les moules.

COQUILLES SAINT-JACQUES Vous pouvez les acheter sur leur jolie demi-coquille en forme d'éventail, ou bien débarrassées de leur coquille. Elles sont parfois vendues avec le corail orange. Les noix de saint-jacques sont meilleures crues ou légèrement cuites.

CRABES En France, les principales variétés sont le tourteau, l'étrille et l'araignée de mer. Les crabes sont protégés par une carapace dure mais lorsqu'ils muent, leur corps est mou pendant quelques jours. Pendant cette période, ils peuvent être consommés entiers, on les appelle « crabes à carapace molle » ou « crabes en mue ». On peut les déguster entiers ainsi.

CREVETTES Les petites crevettes sont souvent plus tendres et possèdent un goût plus doux. Les grosses crevettes sont appelées gambas. Pour obtenir 1 kg de crevettes, il faut entre vingt et trente grosses pièces.

HOMARDS ET ÉCREVISSES Ils sont vendus vivants ou cuits. La chair se situe essentiellement dans la queue et les pattes.

HUÎTRES Les huîtres doivent idéalement être achetées vivantes dans leur coquille fermée, et ouvertes juste avant d'être mangées. Vous pouvez aussi demander au poissonnier de les ouvrir.

LANGOUSTINES
Leur chair est similaire à celle de l'écrevisse, mais beaucoup plus tendre.

MOULES Mollusques bivalves que l'on trouve à l'état sauvage et en élevage.

ORMEAUX Si vous les achetez vivants et que vous les consommez le jour même (enlevez-les de leur coquille, coupez-les en tranches et plongez-les dans de l'huile bouillante pendant quelques secondes seulement), les ormeaux ne seront pas coriaces.

PALOURDES Petits mollusques bivalves qui peuvent être dégustés crus dans leur coquille, enlevés de leur coquille et ajoutés dans des soupes, ou bien simplement ouverts et ajoutés avec leur coquille sur un plat de pâtes.

POULPES De la même famille que la seiche et le calamar, les poulpes peuvent être cuits de la même manière. Les jeunes poulpes sont plus tendres que des vieux poulpes.

SEICHES Très proches parents du calamar, les seiches sont cuites de la même façon.

Crevettes crues
Crevettes cuites
Jeune poulpe
Écrevisse
Seiche
Langoustine
Bulots
Gambas
Calamar
Crabe en mue
Araignée de mer
Crabe bleu
Tourteau
Huîtres
LANGOUSTE
Paloudres
Ormeau
Moules
Coquilles Saint-Jacques
Moules

Q+R

COMMENT ÔTER LES PETITES ARÊTES D'UN POISSON ?

Pour débarrasser un filet de poisson de toutes les très fines arêtes qui y sont dissimulées, passez fermement les doigts le long du filet et retirez toutes les arêtes que vous sentez à l'aide d'une pince à épiler, en commençant par la queue.

Q+R

POURQUOI FARINE-T-ON LE POISSON AVANT DE LE FAIRE CUIRE À LA POÊLE ?

La farine protège la chair délicate du poisson et forme une délicieuse couche croustillante à la surface. Enrobez légèrement le poisson de farine puis passez-le à la poêle dans un peu d'huile ou de beurre chaud, ou un mélange des deux ; mettez-en juste assez pour couvrir le fond de la poêle.

COMMENT RETIRER LA PEAU D'UN FILET DE POISSON

Commencez à couper un peu la chair au niveau de l'extrémité de la queue pour la séparer de la peau. En tenant la peau avec des doigts préalablement plongés dans du sel, continuez à couper la chair en maintenant le couteau à plat contre la peau.

POISSONS D'EAU DOUCE

	ACHAT	CUISSON
BROCHET	Entier	Au four, en croûte de sel, au court-bouillon, en cocotte
CARPE	Entière En filets	Au four, en croûte de sel, au court-bouillon, en cocotte
PERCHE	Entière En filets	Au court-bouillon, au four Au court-bouillon, à la poêle
TRUITE	Entière En filets	À la vapeur À la poêle

POISSONS DE MER

	ACHAT	CUISSON
ANCHOIS	Entier En filets	Au four, au barbecue, frit Marinés
BAR	Entier	À la vapeur dans une poissonnière, non écaillé
CABILLAUD	Entier En pavés	À la vapeur À la poêle
COLIN	Entier En darnes	Poché À la poêle, braisées au four
CONGRE	Entier	Au four
DORADE	Entière	Au four, à la poêle
LIEU	Entier En tranches En filets	Au four, au court-bouillon À la poêle, au court-bouillon, pochées À la poêle, pochés
LOTTE	Entière En tranches	Au four À la poêle
MAQUEREAU	Entier	Au four, au barbecue, en cocotte
MORUE	Sèche, entière ou en filets	Dessalée puis pochée
RAIE	Ailes	À la vapeur, pochées, après rinçage dans de l'eau vinaigrée
SARDINE	Entière	Au four, au barbecue, à la poêle
SAUMON	En pavés En darnes En filets	Poché, à la poêle, au four ou au barbecue À la poêle ou au barbecue Pochés ou au four. Peuvent aussi se manger crus en tartare
SOLE	Entière En filets	Au four, à la poêle À la vapeur
THON	En tronçon En tranches	Au four (braisés) À la poêle

SAUMON AU PESTO À LA CORIANDRE & AU CITRON VERT

TEMPS DE PRÉPARATION + CUISSON 35 MIN • POUR 4 PERSONNES

4 filets de saumon (640 g)
90 g de jeunes pousses d'épinard
1 mini concombre (130 g) détaillé en fins rubans
3 radis rouges (110 g), coupés en fines tranches

PESTO À LA CORIANDRE & AU CITRON VERT
50 g de noix de cajou grillées, non salées
1 petit piment rouge serrano, grossièrement haché
40 g de feuilles de coriandre fraîche
20 g de feuilles de menthe fraîche
1 gousse d'ail coupée en quatre
2 cuillerées à café de zeste de citron vert, finement râpé
2 cuillerées à soupe d'huile d'olive
2 cuillerées à soupe de jus de citron vert
2 cuillerées à soupe d'eau

1. Préparez le pesto à la coriandre et au citron vert.
2. Faites cuire les filets de saumon sur un barbecue chaud, huilé (ou une poêle-gril ou un gril), pendant 3 minutes de chaque côté, ou jusqu'à ce qu'ils soient presque cuits.
3. Pendant ce temps, mettez les épinards, le miniconcombre et les radis dans un saladier puis mélangez.
4. Servez le poisson avec la salade d'épinards et le pesto.

PESTO À LA CORIANDRE & AU CITRON VERT Mixez les noix de cajou, le piment, les herbes, l'ail et le zeste de citron vert jusqu'à ce que tous les ingrédients soient finement hachés. Sans cesser de mixer, ajoutez l'huile en un mince filet régulier ; mixez jusqu'à l'obtention d'un mélange homogène. Incorporez le jus de citron vert et l'eau puis assaisonnez à votre goût.

ASTUCE

Pour que la peau du saumon soit croustillante, salez-la avant la cuisson et commencez par faire cuire les filets, côté peau vers le bas. Le sel contribue à absorber l'humidité de la peau pour la rendre croustillante. Retournez les filets une fois seulement pour achever la cuisson.

COUNTRY ROAD

NE VOUS FIEZ PAS À LA CONSONANCE JAPONAISE DE SON NOM : LE SAGANAKI EST UNE SPÉCIALITÉ GRECQUE TRÈS POPULAIRE, QUI TIENT SON NOM DU SAGANI, LA POÊLE À DEUX POIGNÉES DANS LAQUELLE LE PLAT EST CUIT ET SERVI. TRADITIONNELLEMENT PRÉPARÉ AVEC DU FROMAGE GRILLÉ OU FRIT (FETA, KASSÉRI, HALLOUMI ET KEFALOGRAVIERA) ARROSÉ DE JUS DE CITRON ET DÉGUSTÉ AVEC DU PAIN, LE SAGANAKI A ÉVOLUÉ ET CONTIENT DÉSORMAIS DE LA VIANDE ET DES LÉGUMES ET/OU DES FRUITS DE MER.

CREVETTES SAGANAKI

TEMPS DE PRÉPARATION + CUISSON 40 MIN • POUR 4 PERSONNES

1 kg de grosses crevettes crues
1 citron moyen (140 g)
2 cuillerées à soupe d'huile d'olive
400 g d'oignons nouveaux, parés et coupés en quartiers
2 gousses d'ail finement hachées
125 ml de vin blanc sec
½ cuillerée à café de sucre en poudre
400 g de tomates concassées en boîte
4 ou 5 gouttes de Tabasco®
8 cuillerées à soupe de persil plat frais, grossièrement haché
8 cuillerées à soupe de brins d'aneth frais
8 cuillerées à soupe de feuilles de menthe fraîche
180 g de feta

1 Décortiquez les crevettes et enlevez leur intestin, en laissant les queues intactes.

2 Râpez finement le zeste du citron ; pelez le citron et séparez les segments (voir page 52).

3 Mettez l'huile à chauffer dans une grande poêle et faites cuire les oignons nouveaux et l'ail, en remuant, jusqu'à ce qu'ils soient ramollis. Ajoutez les crevettes et faites cuire, en remuant, jusqu'à ce qu'elles commencent à changer de couleur. Ajoutez le vin, le sucre, les tomates, le Tabasco® et la moitié des herbes ; portez à ébullition. Baissez le feu puis laissez mijoter.

4 Placez les segments de citron et la feta émiettée sur les crevettes et parsemez de zeste. Faites cuire à couvert pendant 3 minutes environ, ou jusqu'à ce que la feta commence à fondre. Assaisonnez à votre goût et parsemez des herbes restantes.

VIVANEAU À LA VAPEUR, PIMENT, GINGEMBRE & CACAHUÈTES

TEMPS DE PRÉPARATION + CUISSON 45 MIN • POUR 4 PERSONNES

4 oignons nouveaux, coupés en fines tranches
6 cm de gingembre frais (30 g), détaillé en allumettes
2 gousses d'ail émincées
2 piments rouges longs frais, émincés
1 ½ cuillerée à soupe de sauce soja claire
1 cuillerée à soupe de vin de riz chinois
2 cuillerées à café d'huile de sésame
1 cuillerée à café de sucre roux
4 petits vivaneaux entiers de 350 g, vidés
80 ml d'huile d'arachide
70 g de cacahuètes grillées, non salées
8 cuillerées à soupe de feuilles de coriandre fraîche

1 Mélangez les oignons nouveaux, le gingembre, l'ail et les piments dans un saladier.
2 Mélangez la sauce soja, le vin de riz, l'huile de sésame et le sucre dans un bol.
3 Préchauffez le four à 220 °C (th. 7-8).
4 Pratiquez trois incisions sur les deux faces de chaque poisson dans la partie la plus épaisse de la chair.
5 Placez quatre morceaux de papier d'aluminium carré de 60 cm de côté sur le plan de travail, et recouvrez chacun d'un morceau de papier cuisson carré de 30 cm de côté.
6 Répartissez de la préparation au gingembre sur chaque morceau de papier d'aluminium tapissé de papier cuisson, ajoutez un poisson, recouvrez de préparation au gingembre et arrosez de sauce. Repliez le papier d'aluminium pour recouvrir le poisson, en serrant bien. Procédez ainsi pour chaque poisson. Placez les papillotes sur une grande plaque de four en les espaçant légèrement ; faites cuire au four pendant 15 minutes environ, ou jusqu'à ce que les poissons soient cuits.
7 Faites chauffer l'huile d'arachide dans une petite casserole à feu vif jusqu'à ce qu'elle soit presque fumante. Ouvrez avec précaution les papillotes ; versez 1 cuillerée à soupe d'huile chaude sur chaque poisson tant qu'il est encore dans le papier d'aluminium. Soulevez les poissons et dressez-les sur des assiettes de service chaudes. Avec précaution, versez le jus des papillotes sur les poissons. Parsemez de cacahuètes et de coriandre.

UTILISEZ UN COUTEAU TRANCHANT POUR INCISER LES POISSONS DE CHAQUE CÔTÉ, DANS LA PARTIE LA PLUS ÉPAISSE.

SUGGESTION D'ACCOMPAGNEMENT

SERVEZ AVEC DU RIZ À LA VAPEUR.

PLACEZ DE LA PRÉPARATION AU GINGEMBRE SUR LE PAPIER D'ALUMINIUM TAPISSÉ DE PAPIER CUISSON, AJOUTEZ LE POISSON PAR-DESSUS, PUIS PARSEMEZ DE PRÉPARATION AU GINGEMBRE.

SERVEZ LE CRABE AVEC DES RINCE-DOIGTS ET DES SERVIETTES. UNE PINCE À CRUSTACÉS OU UN CASSE-NOIX VOUS SERA UTILE POUR CASSER LES PINCES, ET UNE FOURCHETTE À CRUSTACÉS (LONGUE ET ÉTROITE) VOUS AIDERA À EXTRAIRE LA CHAIR.

CRABES AU PIMENT

TEMPS DE PRÉPARATION + CUISSON 50 MIN (+ CONGÉLATION)
POUR 4 PERSONNES

4 tourteaux vivants (750 g pièce)
2 cuillerées à soupe d'huile d'arachide
4 piments rouges longs frais, épépinés et finement hachés
50 g de gingembre frais, détaillé en allumettes
4 gousses d'ail hachées
2 cuillerées à soupe de nuoc-mâm (ou de nam pla)
160 ml de ketchup
125 ml de sauce douce au piment
375 ml de bouillon de poisson ou d'eau
75 g de sucre roux
250 g de tomates cerises coupées en deux
4 oignons nouveaux, détaillés en longues bandes fines
8 cuillerées à soupe de feuilles de coriandre fraîche

1 Placez les crabes au congélateur pendant 1 heure, ou jusqu'à ce qu'ils ne bougent plus. Disposez-les à l'envers sur une planche à découper, retirez leur queue et insérez un couteau entre le corps et la carapace jusqu'à la tête.

2 Séparez la carapace du corps et jetez-la. Retirez et jetez les branchies ainsi que les parties crémeuses. Rincez légèrement et rapidement le corps.

3 Coupez le corps des crabes en deux dans la longueur, puis coupez chaque morceau en trois à l'aide d'un fendoir.

4 Brisez les pinces avec une pince à crustacés, un maillet à viande ou le dos d'un couteau ou d'un hachoir.

5 Mettez l'huile à chauffer dans un grand wok et faites revenir les piments, le gingembre et l'ail jusqu'à ce que leurs arômes se libèrent. Incorporez les sauces, le bouillon et le sucre ; portez à ébullition. Ajoutez les morceaux de crabe dans le wok et remuez jusqu'à ce qu'ils soient bien mélangés. Couvrez le wok et laissez mijoter pendant 10 minutes, ou jusqu'à ce que les crabes soient juste cuits.

6 Ajoutez les tomates et les oignons nouveaux et remuez jusqu'à ce que les tomates soient juste attendries. Assaisonnez à votre goût de sel ou de nuoc-mâm en supplément. Ajoutez la coriandre et mélangez.

SUGGESTION D'ACCOMPAGNEMENT
SERVEZ AVEC DU RIZ CUIT À LA VAPEUR ET DES MOITIÉS DE CITRON VERT.

10.

oeufs

Combien de fois avez-vous entendu dire de quelqu'un « qu'il n'est même pas capable de se faire cuire un œuf » ? Savoir faire cuire des œufs à la perfection est devenu une référence pour les cuisiniers – tout est une question de température et de durée... Il faut habituellement les faire cuire doucement sous peine d'altérer la structure des protéines qu'ils contiennent et d'obtenir des œufs caoutchouteux. Les omelettes sont l'exception à la règle ; elles sont plus réussies avec une cuisson rapide.

ŒUFS

LES ŒUFS POSSÈDENT DE NOMBREUX AVANTAGES ; ILS CUISENT EN QUELQUES MINUTES, ILS SONT PLEINS DE NUTRIMENTS, BON MARCHÉ, ET PEUVENT ÊTRE DÉGUSTÉS À TOUTE HEURE DE LA JOURNÉE.

L'œuf contient des protéines d'excellente qualité et très digestes. Il est riche en vitamines et en minéraux, et parmi les 6 grammes de lipides qu'il contient en moyenne, seuls 2 sont des acides gras saturés. À une époque, on pensait qu'il contribuait à faire monter le taux de cholestérol, mais des recherches ont montré que la plupart des gens peuvent manger deux œufs par jour sans que leur taux de cholestérol n'augmente, ou faiblement dans ce cas. Les œufs sont très riches sur le plan nutritionnel : ils possèdent une teneur élevée en vitamines et en minéraux, principalement de la vitamine D.

La couleur de la coquille est déterminée par la race de la poule et par son mode d'alimentation ; elle est sans lien avec la qualité. D'un point de vue du goût, de la couleur et des nutriments, les meilleurs œufs sont ceux fraîchement pondus par vos propres poules ou par celles de votre voisin, ou les œufs bio de poules élevées en plein air. Les œufs de poules élevées en plein air arrivent en deuxième position. Dans la mesure du possible, évitez les œufs de poules élevées en cage, en batterie ou au sol (élevage intensif en intérieur).

LA FRAÎCHEUR AVANT TOUT

Les meilleurs œufs sont les œufs les plus frais. Si vous avez un doute sur la fraîcheur d'un œuf cru, placez-le dans un saladier et recouvrez-le d'eau froide ; s'il est très frais, il restera couché au fond du récipient ; s'il n'est plus d'une grande fraîcheur mais est encore bon, il se redressera à la verticale et remontera légèrement dans l'eau ; s'il flotte à la surface, il n'est pas frais – dans ce cas, jetez-le. N'utilisez jamais un œuf dont la coquille est déjà craquelée.

Vous pouvez aussi savoir si l'œuf est frais en le cassant dans une poêle : plus l'œuf est vieux, plus l'odeur est forte et plus le blanc est liquide et s'étale dans la poêle. Si l'œuf est frais, le jaune est très épais et le blanc reste concentré autour du jaune, en ovale.

CONSERVATION

CONSERVEZ LES ŒUFS CÔTÉ POINTU VERS LE BAS DANS L'EMBALLAGE OÙ VOUS LES AVEZ ACHETÉS AFIN DE PROTÉGER LA POCHE D'AIR SITUÉE DANS L'EXTRÉMITÉ RONDE ET DE LAISSER LE JAUNE AU CENTRE. PLACEZ-LES AU RÉFRIGÉRATEUR DÈS QUE VOUS ARRIVEZ CHEZ VOUS. LA BOÎTE CONTRIBUE À RÉDUIRE LA PERTE D'EAU DANS LES ŒUFS ET PERMET D'ÉVITER QU'ILS N'ABSORBENT LES ODEURS DES AUTRES ALIMENTS DANS LE RÉFRIGÉRATEUR. LA PLUPART DES ŒUFS SE CONSERVENT JUSQU'À 4 SEMAINES DANS LEUR EMBALLAGE. SORTEZ-LES À TEMPÉRATURE AMBIANTE UNE HEURE AU MOINS AVANT DE VOUS EN SERVIR DANS DES RECETTES DE PÂTISSERIE.

ASTUCES

Si une recette nécessite l'emploi de plus d'un œuf, cassez-les chacun dans une petite tasse avant de les ajouter dans la préparation. Ainsi, si un œuf n'est plus frais, vous pouvez le jeter avant de l'ajouter et éviter ainsi que votre préparation ne soit râtée.

Pour savoir si un œuf est dur ou frais, faites-le tourner sur le plan de travail de votre cuisine. S'il tourne rapidement, il est dur. S'il tourne lentement et oscille, il est cru.

Pour battre des blancs d'œufs à température ambiante, utilisez des ustensiles secs et sans trace de graisse. Soyez attentif et battez jusqu'à la formation de pics « mous », c'est-à-dire qui retombent quand vous soulevez le batteur.

Si la mayonnaise que vous avez préparée se sépare, placez un jaune d'œuf dans un récipient propre et incorporez progressivement la mayonnaise séparée en fouettant, une cuillerée à soupe à la fois environ.

S'il vous reste des blancs d'œufs non utilisés, congelez-les jusqu'à ce que vous en ayez assez pour faire une pavlova ou des meringues. Vous pouvez aussi les garder au réfrigérateur et vous en servir pour préparer une omelette maigre : ajoutez 2 blancs d'œufs à 1 œuf entier pour un concentré de protéines pauvre en matière grasse.

Œufs à la coque et mollets

METTEZ L'ŒUF DANS UNE PETITE CASSEROLE ET RECOUVREZ-LE D'EAU FROIDE. COUVREZ LA CASSEROLE ET PORTEZ L'EAU À ÉBULLITION. RETIREZ LE COUVERCLE ET REMUEZ L'ŒUF POUR QUE LE JAUNE SOIT BIEN CENTRÉ. LA DURÉE DE CUISSON EST UNE QUESTION DE GOÛT ; POUR UN ŒUF DE 60 G, UNE CUISSON DE 3 MINUTES ENVIRON DONNERA UN ŒUF À LA COQUE AVEC UN JAUNE LIQUIDE ET UN BLANC JUSTE PRIS ; POUR UN ŒUF MOLLET, LAISSEZ CUIRE 5 MINUTES : LE BLANC SERA PLUS FERME.

Œufs pochés

Portez de l'eau à ébullition dans une petite poêle ; cassez un œuf dans un petit récipient puis faites-le glisser dans la poêle. Dès que l'ébullition reprend, couvrez la poêle. Coupez le feu et laissez reposer pendant 3 minutes environ, ou jusqu'à ce qu'un léger film de blanc prenne autour du jaune. Pour garder un œil sur l'œuf, couvrez la poêle avec un couvercle en verre. Ne le soulevez pas pendant la cuisson car la vapeur contribue à faire prendre l'œuf.

Comment écaler DES ŒUFS DURS

DÈS QUE VOUS LES SORTEZ DE L'EAU BOUILLANTE, CASSEZ LES COQUES SUR TOUTE LEUR SURFACE ET PLONGEZ IMMÉDIATEMENT LES ŒUFS DANS UN SALADIER REMPLI D'EAU FROIDE PENDANT AU MOINS 2 MINUTES. CELA PERMET D'ÉVITER QU'UN CERCLE SOMBRE SE FORME AUTOUR DU JAUNE, MAIS AUSSI DE STOPPER LA CUISSON ET D'ACCÉLÉRER LE PROCESSUS DE REFROIDISSEMENT. DE CE FAIT, LES ŒUFS SONT PLUS FACILES À ÉCALER.

LES ŒUFS DURS PRÉPARÉS AVEC DES ŒUFS D'UNE SEMAINE OU PLUS SONT PLUS FACILES À ÉCALER QUE LORSQUE LES ŒUFS SONT EXTRA FRAIS.

FRITTATA AUX ASPERGES, TOMATES, RICOTTA & BASILIC

TEMPS DE PRÉPARATION + CUISSON 40 MIN • POUR 8 PERSONNES

170 g d'asperges
200 g de tomates cerises allongées
8 œufs
60 ml de lait
40 g de cheddar, grossièrement râpé
4 cuillerées à soupe de petites feuilles de basilic frais
100 g de ricotta ferme

1 Préchauffez le four à 220 °C (th. 7-8).
2 Parez les asperges et coupez les tomates en deux.
3 Mélangez au fouet les œufs, le lait et le fromage dans un saladier ; assaisonnez.
4 Faites chauffer une poêle huilée de 17 cm de diamètre allant au four. Ajoutez le mélange aux œufs dans la poêle et raclez les bords vers l'intérieur pendant 3 minutes environ. Recouvrez de basilic, de ricotta, d'asperges et de tomates. Faites cuire la frittata à feu moyen pendant environ 2 minutes, ou jusqu'à ce que la base et les bords soient pris. Mettez la poêle dans le four et faites cuire la frittata sans la couvrir pendant 15 minutes environ, ou jusqu'à ce qu'elle soit prise et légèrement dorée. Laissez reposer 5 minutes.
5 Faites glisser la frittata sur une assiette de service et détaillez-la en huit parts.

ASTUCES

POUR CETTE RECETTE, VOUS AUREZ BESOIN D'UNE POÊLE AVEC UN MANCHE RÉSISTANT À LA CHALEUR. SI VOUS N'EN AVEZ PAS, ENVELOPPEZ LE MANCHE DE VOTRE POÊLE DANS DEUX COUCHES DE PAPIER D'ALUMINIUM. LA FRITTATA PEUT ÊTRE DÉGUSTÉE CHAUDE, TIÈDE OU À TEMPÉRATURE AMBIANTE.

PUDDING À LA BRIOCHE, À LA RHUBARBE & AU CHOCOLAT BLANC

TEMPS DE PRÉPARATION + CUISSON 55 MIN (+ REPOS)
POUR 8 PERSONNES

470 g de tiges de rhubarbe parées
165 g de sucre en poudre brut
1 brioche de 450 g
90 g de beurre, ramolli
1 cuillerée à café de cardamome moulue
180 g de chocolat blanc, finement haché
1 gousse de vanille
5 œufs
500 ml de crème entière liquide
375 ml de lait
2 cuillerées à café de sucre glace

1. Préchauffez le four à 180 °C (th. 6).
2. Coupez les tiges de rhubarbe en tronçons de 6 cm. Mettez-les dans un plat allant au four d'une contenance de 4 litres et saupoudrez-les de 55 g de sucre en poudre. Faites cuire au four à couvert pendant 25 minutes, ou jusqu'à ce que la rhubarbe soit juste tendre. Placez-en la moitié dans un saladier.
3. Pendant ce temps, coupez les extrémités de la brioche et découpez-la en tranches de 1,50 m d'épaisseur. Mélangez 70 g de beurre et la cardamome dans un petit saladier. Tartinez les tranches de brioche de beurre à la cardamome, puis parsemez-les des trois quarts du chocolat. Disposez les tranches de brioche en couches sur la rhubarbe dans le plat, côté chocolat vers le bas. Recouvrez du reste de rhubarbe et de chocolat.
4. Fendez la gousse de vanille en deux dans la longueur et raclez les graines. Mélangez les graines avec les œufs, 55 g de sucre en poudre, la crème liquide et le lait dans un récipient. Versez la moitié de cette préparation sur la brioche et laissez reposer jusqu'à ce qu'elle en soit imprégnée. Versez le reste de la préparation sur la brioche et parsemez le reste de beurre coupé en morceaux. Saupoudrez le reste de sucre.
5. Placez le plat allant au four dans un grand plat à four. Ajoutez de l'eau bouillante jusqu'à la moitié du plat.
6. Faites cuire pendant 30 minutes environ, ou jusqu'à ce que le pudding soit juste pris. Sortez-le du grand plat à four et laissez reposer 10 minutes. Saupoudrez de sucre glace tamisé avant de servir.

ASTUCES

À DÉFAUT DE SUCRE EN POUDRE BRUT, UTILISEZ DU SUCRE EN POUDRE CLASSIQUE. SI VOUS LE SOUHAITEZ, VOUS POUVEZ REMPLACER LA BRIOCHE PAR DES CROISSANTS, DU PANETTONE, DU CAKE AUX FRUITS OU DU PAIN BLANC.

GÂTEAU À LA MERINGUE, AUX AMANDES & AU LEMON CURD

TEMPS DE PRÉPARATION + CUISSON 1 H 45 (+ RÉFRIGÉRATION, REFROIDISSEMENT & REPOS) • POUR 12 PERSONNES

150 g d'amandes
4 blancs d'œufs
220 g de sucre en poudre
125 g de chocolat blanc, grossièrement râpé
600 ml de crème entière liquide
125 g de myrtilles fraîches

LEMON CURD
250 g de beurre froid, grossièrement haché
2 œufs, légèrement battus
2 jaunes d'œufs
160 ml de jus de citron
300 g de sucre en poudre

1 Préparez le lemon curd.
2 Préchauffez le four à 160 °C (th. 5-6). Mettez la base d'un moule à charnière de 24 cm à l'envers afin que le gâteau soit plus facile à démouler. Graissez et tapissez la base de papier cuisson.
3 Étalez les amandes sur une plaque de four sans les superposer ; faites-les griller sans couvrir pendant 12 minutes, ou jusqu'à ce que leur peau commence à se fendre. Laissez-les refroidir puis hachez-les finement.
4 Battez les blancs d'œufs avec 55 g de sucre dans un petit saladier avec un batteur électrique, jusqu'à la formation de pics fermes. Ajoutez le reste de sucre et battez à vitesse élevée pendant 5 minutes, ou jusqu'à ce que le sucre soit dissous. Incorporez le chocolat et les amandes, puis étalez la préparation dans le moule.
5 Faites cuire la meringue pendant 40 minutes environ. Laissez-la refroidir dans le moule.
6 Battez la crème dans un petit saladier jusqu'à la formation de pics mous ; incorporez la moitié dans le lemon curd, et ajoutez le mélange obtenu sur la meringue. Placez au réfrigérateur jusqu'à ce qu'il soit ferme.
7 Recouvrez le gâteau du reste de crème fouettée et parsemez de myrtilles. Servez immédiatement.

LEMON CURD Mettez le beurre dans une casserole et ajoutez les œufs en les passant au tamis. Ajoutez le reste des ingrédients et remuez à feu doux sans laisser bouillir, pendant 10 minutes, ou jusqu'à ce que la préparation nappe le dos d'une cuillère. Transvasez le lemon curd dans un récipient résistant à la chaleur et placez-le au réfrigérateur jusqu'à ce qu'il soit froid.

11.

pâtes, riz & nouilles

Ce sont tous les trois des aliments de base dans de nombreux pays du monde. Aujourd'hui, les pâtes, le riz et les nouilles font autant partie de nos repas que les pommes de terre, qui étaient à une époque la base de notre alimentation. Il en existe tellement de variétés que nous n'avons pas pu les énumérer toutes dans ce chapitre ; nous avons dû choisir nos préférées, que nous avons accompagnées d'informations et de photos.

PÂTES

LES PÂTES ONT TOUTES LES QUALITÉS REQUISES POUR CONSTITUER UN REPAS DE SEMAINE ; RAPIDES À CUIRE ET BON MARCHÉ, ELLES SE PRÉPARENT FACILEMENT AVEC QUELQUES INGRÉDIENTS DE BASE. CERTAINS PLATS DE PÂTES PEUVENT ÊTRE PLUS SOPHISTIQUÉS, MAIS CEUX QUE NOUS CUISINONS LE PLUS SOUVENT SONT GÉNÉRALEMENT LES PLUS SIMPLES.

TYPES DE PÂTES

PÂTES SÈCHES Ce sont les plus courantes, mais ce n'est pas parce qu'elles sont fabriquées industriellement que leur qualité est moins bonne. Certaines des meilleures pâtes sont séchées et conditionnées.

PÂTES FRAÎCHES Tendres et souples, elles cuisent plus rapidement que les pâtes sèches.

PÂTES AUX ŒUFS À base d'œufs et de farine, elles sont disponibles fraîches ou sèches. Les pâtes aux œufs sont le plus souvent fraîches et faites maison.

PÂTES AU BLÉ COMPLET Fabriquées avec de la farine de blé complète et de la farine de blé blanche, elles sont par conséquent plus riches en fibres.

PÂTES PARFUMÉES Pâtes colorées et aromatisées avec des ingrédients, par exemple des épinards, des tomates, du basilic, du piment et de l'encre de seiche.

Quelle sauce pour quelles pâtes ?

IL N'EXISTE PAS VRAIMENT DE RÈGLES, MAIS, DE MANIÈRE GÉNÉRALE, PLUS LES PÂTES SONT LONGUES, PLUS LA SAUCE EST LIQUIDE, ET PLUS LES PÂTES SONT COURTES, PLUS LA SAUCE EST ÉPAISSE OU AVEC DES MORCEAUX.

PÂTES LONGUES ET LARGES Leur largeur est variable. Parmi les pâtes rubans larges, on peut citer les lasagnettes, les fettucines et les papardelles. Les sauces qui se marient le mieux avec ce genre de pâte ainsi qu'avec les pâtes longues et rondes, comme les spaghettis et les bucatinis, sont les sauces épaisses à la crème, aux tomates ou à la viande, par exemple la carbonara ou la bolognaise.

PÂTES LONGUES ET FINES Les spaghettinis, les vermicelles et les cheveux d'ange rentrent dans cette catégorie. Les sauces à base d'huile d'olive, comme le pesto, sont idéales pour les agrémenter car elles collent sur toute la longueur des pâtes.

PÂTES COURTES Il en existe des dizaines de formes et de tailles différentes. Les rigatonis et les macaronis se prêtent bien aux cuissons au four, de même que les feuilles de lasagnes plates et les cannellonis tubulaires. Les variétés comme les pennes, les fusillis, les farfalles et les conchiglionis sont délicieuses avec des sauces contenant des morceaux de viande, de légumes et de fruits de mer, qui viennent en remplir les rainures et les trous.

PÂTES FOURRÉES On en trouve différentes variétés comme les agnolottis, les tortellinis et les raviolis. Elles se marient particulièrement bien avec les sauces légères aux tomates ou à la crème. Elles sont également délicieuses avec juste un peu de beurre, d'herbes fraîches ou de parmesan.

CUISSON DES PÂTES

VOUS TROUVEREZ PAGE 106 DES INSTRUCTIONS POUR CUIRE DES PÂTES À LA PERFECTION.

Orechiettes
Conchiglionis
RAVIOLIS
Pennes
Rigatonis
RISONIS
Tortellinis
Macaronis
CASARECCES
Cannellonis
SPAGHETTIS
FETTUCINES
Tagliatelles
Bucatinis
Spaghettinis
Papardelles
Linguines

SPAGHETTIS À LA ROQUETTE, AU PIMENT & AU CITRON

TEMPS DE PRÉPARATION + CUISSON 15 MIN • POUR 4 PERSONNES

375 g de spaghettis
80 ml d'huile d'olive vierge extra aromatisée au citron
1 piment rouge long frais, finement haché
80 g de jeunes pousses de roquette, grossièrement hachées

ASTUCES

VOUS POUVEZ UTILISER DE L'HUILE D'OLIVE AROMATISÉE À L'AIL PLUTÔT QU'AU CITRON, OU BIEN DE L'HUILE D'OLIVE VIERGE EXTRA ADDITIONNÉE DE 2 CUILLERÉES À CAFÉ DE ZESTE DE CITRON FINEMENT RÂPÉ.

1 Faites cuire les pâtes dans une grande quantité d'eau bouillante salée jusqu'à ce qu'elles soient tendres. Réservez 80 ml d'eau de cuisson et égouttez.

2 Pendant ce temps, mettez l'huile et le piment dans une grande poêle ; faites chauffer doucement à feu doux pendant 8 minutes environ.

3 Mettez les pâtes dans la poêle avec l'huile et le piment et ajoutez l'eau de cuisson réservée et la roquette. Remuez doucement pour mélanger et assaisonnez à votre goût.

SUGGESTION D'ACCOMPAGNEMENT
Servez avec des quartiers de citron.

ASTUCE

IL EST IMPORTANT QUE LA SAUCE SOIT PRÊTE AU MOMENT DE LA CUISSON DES PÂTES ; CONTRAIREMENT AUX PÂTES, ELLE PEUT GÉNÉRALEMENT ATTENDRE.

RIZ

LE RIZ EST UNE CÉRÉALE POLYVALENTE, EMPLOYÉE DANS LA CUISINE DE NOMBREUX PAYS AUSSI BIEN DANS DES ENTRÉES QUE DANS DES DESSERTS. POUR CHAQUE PLAT, IL Y A UNE VARIÉTÉ DE RIZ ADAPTÉE.

Variétés de riz

Il existe des riz à grain long, à grain moyen et à grain court. Parmi ces trois catégories, on distingue différents riz : complet, blanc, rouge, noir, parfumé, gluant, à risotto... Chaque type requiert un mode de cuisson différent.

GRAIN LONG Une fois cuits, les grains sont séparés et aérés. On sert ce riz en accompagnement dans des pilafs, des salades, des farces... – principalement des plats salés.

GRAIN MOYEN Lorsque ce riz est cuit, il est légèrement plus collant que le riz à grain long. Il est idéal pour confectionner des croquettes de riz et des gâteaux de riz, et pour être dégusté avec des baguettes. Les variétés spéciales, comme l'arborio, sont utilisées pour les risottos.

GRAIN COURT Une fois cuits, les grains sont moelleux, tendres et collants. Ce riz est parfait pour faire du riz au lait ou des sushis.

MÉTHODES DE CUISSON

IL EXISTE QUATRE MÉTHODES PRINCIPALES POUR FAIRE CUIRE DU RIZ.

PAR ABSORPTION Cette méthode préserve la saveur du riz. Mettez le riz dans un tamis et rincez-le sous l'eau courante froide, en passant vos doigts entre les grains pour éliminer le surplus d'amidon en surface, jusqu'à ce que l'eau soit claire. Égouttez bien. Mettez le riz dans une casserole à fond épais avec un couvercle bien ajusté. Suivez les instructions sur l'emballage concernant la proportion d'eau par rapport au riz ; de manière générale, on compte 1,5 volume d'eau pour 1 volume de riz. Versez l'eau dans la casserole et ajoutez une pincée de sel, couvrez et portez à ébullition à feu vif. Baissez à feu très doux et faites cuire pendant environ 12 minutes (à adapter selon le type de riz). Sortez rapidement quelques grains de riz pour tester la cuisson, en remettant immédiatement le couvercle. Une fois que le riz est cuit, retirez la casserole du feu et laissez-le reposer à couvert pendant 5 minutes, puis passez une fourchette pour séparer les grains. Pour que cette méthode réussisse, le couvercle de la casserole doit être bien ajusté. S'il est trop grand, recouvrez la casserole de papier d'aluminium avant d'ajouter le couvercle.

À L'EAU BOUILLANTE Cette méthode permet de garder les grains séparés, mais ils peuvent avoir un goût un peu aqueux. Faites bouillir de l'eau légèrement salée à gros bouillons dans une grande casserole. Ajoutez le riz, remuez une fois puis laissez bouillir doucement sans couvrir. Testez le riz au bout de 8 minutes : il doit être tendre mais ferme, et non ramolli. Égouttez.

AU MICRO-ONDES Mettez 1,5 volume de riz dans un tamis et rincez-le sous l'eau courante froide, en passant vos doigts entre les grains pour éliminer le surplus d'amidon en surface, jusqu'à ce que l'eau soit claire. Égouttez bien. Placez le riz dans un récipient passant au micro-ondes et ajoutez 2 volumes d'eau froide et une pincée de sel. Couvrez et faites cuire à puissance élevée (100 %) pendant 12 minutes environ (à adapter selon le type de riz). Testez la cuisson et laissez reposer 5 minutes avant de servir.

AU CUISEUR À RIZ C'est une méthode très simple. Il vous suffit de régler l'appareil en suivant les instructions de la notice.

Riz à grain long
Riz sauvage
Riz à grain moyen
Riz à grain court
Riz calrose
Riz complet
RIZ JASMIN
Riz basmati
Riz noir

LE PILAF EST UN PLAT DE RIZ ORIGINAIRE DU MOYEN-ORIENT.

IL EST POPULAIRE DEPUIS TRÈS LONGTEMPS EN ASIE CENTRALE ET DU SUD, EN AFRIQUE DE L'EST, EN AMÉRIQUE LATINE ET DANS LES CARAÏBES.

SELON LES CUISINES LOCALES, LES GOÛTS ET LA DISPONIBILITÉ DES INGRÉDIENTS, ON PEUT INTÉGRER TOUTES SORTES DE VIANDES ET DE LÉGUMES DANS UN PILAF.

PILAF D'AGNEAU AUX ÉPICES

TEMPS DE PRÉPARATION + CUISSON 40 MIN (+ REPOS)
POUR 4 PERSONNES

300 g de riz basmati
1 cuillerée à soupe d'huile d'olive
3 steaks de gigot d'agneau (450 g) coupés en fines tranches
1 oignon jaune moyen (150 g), coupé en fines tranches
2 gousses d'ail coupées en fines tranches
4 cm de gingembre frais (20 g), râpé
2 feuilles de laurier séchées
2 cuillerées à café de coriandre moulue
½ cuillerée à café de cannelle moulue
75 g d'abricots secs, grossièrement hachés
560 ml de bouillon de poulet
280 g de yaourt nature
35 g de pistaches grillées, grossièrement hachées
8 cuillerées à soupe de feuilles de menthe fraîche

1 Placez le riz dans un saladier et recouvrez-le d'environ 1 litre d'eau ; laissez reposer 30 minutes puis égouttez bien.

2 Mettez l'huile à chauffer dans une grande casserole et faites cuire l'agneau par petites quantités jusqu'à ce qu'il soit doré et cuit. Sortez-le de la casserole.

3 Faites cuire l'oignon dans la casserole, en remuant, jusqu'à ce qu'il soit tendre. Ajoutez l'ail, le gingembre, le laurier et les épices ; faites cuire, en remuant, jusqu'à ce que le mélange libère ses arômes. Incorporez le riz. Ajoutez les abricots et le bouillon, et portez à ébullition. Baissez le feu et laissez cuire à couvert à feu doux pendant 20 minutes environ, ou jusqu'à ce que le riz soit tendre.

4 Incorporez l'agneau dans le pilaf, et assaisonnez à votre goût. Recouvrez de yaourt, de pistaches et de menthe.

NOUILLES

LE CHOIX DE NOUILLES ASIATIQUES NE CESSE DE S'ÉLARGIR DANS LES RAYONS DES SUPERMARCHÉS, PREUVE DE LEUR POPULARITÉ CROISSANTE CHEZ NOUS. NOUS LES INTÉGRONS DE PLUS EN PLUS SOUVENT DANS NOS REPAS QUOTIDIENS. DES EN-CAS RAPIDES AUX SAUTÉS, IL Y A DES NOUILLES POUR TOUTES LES OCCASIONS.

Nouilles chinoises

NOUILLES AUX ŒUFS Ces nouilles à base de farine de blé, d'œufs et d'eau sont disponibles fraîches ou sèches. On peut les trouver sous forme de vermicelles ou de rubans. Les nouilles sèches sont cuites de la même manière que les pâtes, et les nouilles fraîches doivent être ramollies et séparées dans de l'eau chaude.

NOUILLES DE BLÉ On peut les acheter fraîches ou sèches. Elles cuisent de la même façon que des pâtes.

NOUILLES DE HARICOTS MUNGO

ÉGALEMENT APPELÉES VERMICELLES DE SOJA, NOUILLES CELLOPHANE OU NOUILLES DE VERRE, CE SONT DE FINES NOUILLES SÉCHÉES À BASE DE FARINE DE HARICOT MUNGO. ON LES UTILISE DE LA MÊME FAÇON QUE LES NOUILLES DE RIZ, OU BIEN FRITES.

NOUILLES DE RIZ Fraîches ou sèches, elles sont disponibles sous forme de vermicelles, de rubans ou de feuilles. Il n'est pas nécessaire de les cuire à l'eau bouillante, elles peuvent être ramollies en les recouvrant d'eau bouillante. Elles sont employées dans des soupes et des sautés.

NOUILLES FRITES

NOUILLES AUX ŒUFS VENDUES FRITES DANS LE COMMERCE. LA FRITURE LEUR DONNE DU CROQUANT ET DU GOÛT MAIS EN FAIT AUSSI UN ALIMENT RICHE EN MATIÈRE GRASSE. ON LES UTILISE DANS DES SALADES ET LE SAN CHOY BOW.

NOUILLES HOKKIEN

Nouilles fraîches longues et épaisses, utilisées dans des sautés et des soupes. Elles ne nécessitent pas de cuisson mais sont meilleures lorsqu'on les recouvre d'eau bouillante pour les rincer et les séparer.

NOUILLES JAPONAISES

NOUILLES RAMEN Nouilles de blé vendues sèches, fraîches, cuites à la vapeur ou instantanées très populaires au Japon, où on peut en consommer dans les nombreux bars à ramen. On les fait cuire de la même manière que des pâtes.

NOUILLES SOBA Nouilles au sarrasin qui peuvent être consommées froides avec une sauce dip en en-cas, dans des soupes ou bien servies avec des fruits de mer, de la viande et des légumes. On les fait cuire de la même façon que des pâtes.

NOUILLES UDON Nouilles de blé blanches et épaisses, disponibles fraîches ou sèches, qui peuvent être rondes ou plates. On les fait cuire comme des pâtes, et on les sert le plus souvent dans des bouillons ou des sautés.

NOUILLES SOMEN Nouilles de blé blanches fines et délicates, appelées somen lorsqu'elles ne contiennent pas d'œufs, et tamago somen lorsqu'elles en contiennent. On peut les déguster froides ou les servir dans un bouillon chaud. Elles se cuisent comme des pâtes ; attention à ne pas les faire cuire trop longtemps.

Nouilles de haricots mungo
Nouilles de riz fraîches
Nouilles aux œufs fraîches
Nouilles de riz
Vermicelles
Nouilles somen
Nouilles hokkien
NOUILLES UDON
Nouilles ramen
Nouilles soba

ON RETROUVE TRÈS SOUVENT CE PLAT POPULAIRE DANS LES STANDS DE RUE EN ASIE DU SUD-EST AVEC DE NOMBREUSES VARIANTES.

CHAR KWAY TEOW

TEMPS DE PRÉPARATION + CUISSON 35 MIN • POUR 4 PERSONNES

450 g de nouilles de riz larges, fraîches
250 g de petites crevettes crues
250 g de blancs de calamar
80 ml d'huile d'arachide
250 g de filets de poisson blanc à chair ferme, sans la peau, détaillés en morceaux de 3 cm de côté
2 gousses d'ail pilées
2 petits piments rouges serrano frais, finement hachés
4 cm de gingembre frais (20 g), râpé
2 œufs, légèrement battus
5 oignons nouveaux, coupés en fines tranches
160 g de pousses de haricot mungo
120 g de saucisses chinoises sèches, coupées en fines tranches
2 cuillerées à soupe de sauce soja foncée
1 cuillerée à soupe de kecap manis (sauce soja sucrée)
1 cuillerée à soupe de sauce soja claire

1 Placez les nouilles dans un grand saladier résistant à la chaleur ; recouvrez-les d'eau bouillante, séparez-les avec une fourchette, puis égouttez.

2 Décortiquez les crevettes et enlevez leur intestin, en laissant les queues intactes. Coupez les blancs de calamar le long du centre pour les ouvrir. Incisez l'intérieur en croisillons, puis détaillez la chair en bandes de 2 cm de large.

3 Mettez 1 cuillerée à soupe d'huile à chauffer dans un wok et faites revenir les calamars et le poisson par petites quantités jusqu'à ce qu'ils soient légèrement dorés. Placez-les dans un grand saladier et couvrez-les pour les garder au chaud.

4 Mettez une autre cuillerée à soupe d'huile à chauffer dans le wok ; faites revenir les crevettes, l'ail, les piments et le gingembre jusqu'à ce que les crevettes changent tout juste de couleur. Ajoutez-les dans le saladier avec le poisson et les calamars, et couvrez pour les garder au chaud.

5 Faites chauffer le reste d'huile dans le wok ; faites revenir les œufs, les oignons nouveaux et les pousses de haricot mungo jusqu'à ce que les œufs soient juste pris. Glissez la préparation sur une assiette et couvrez pour la garder au chaud.

6 Faites revenir les saucisses dans le wok jusqu'à ce qu'elles soient croustillantes, puis égouttez-les. Remettez-les dans le wok avec les calamars, les crevettes et le poisson, la préparation aux œufs, les sauces et les nouilles ; faites revenir jusqu'à ce que le mélange soit chaud. Parsemez d'oignons nouveaux finement tranchés en supplément, si vous le souhaitez.

ASTUCE

GÉNÉRALEMENT À BASE DE PORC, LES SAUCISSES CHINOISES SÈCHES, ÉGALEMENT CONNUES SOUS LE NOM DE LAP CHEONG, PEUVENT AUSSI ÊTRE FABRIQUÉES AVEC DU FOIE DE CANARD OU DE BŒUF. DE COULEUR ROUGE-BRUN, ELLES ONT UN GOÛT SUCRÉ ET ÉPICÉ ET SONT VENDUES EN CHAPELETS DANS LES ÉPICERIES ASIATIQUES.

REG NO
28195
3"

12.

céréales & légumineuses

L'homme récolte des céréales depuis des siècles et s'en sert pour fabriquer toutes sortes de pains et d'aliments de base. La famille des légumineuses compte différentes variétés de pois, de lentilles et de haricots secs. Riches en protéines et en glucides, ce sont des aliments polyvalents et nutritifs, particulièrement utiles pour ceux dont le régime alimentaire est dépourvu de viande.

CÉRÉALES & LÉGUMINEUSES

PARMI LES CÉRÉALES LES PLUS COURAMMENT EMPLOYÉES EN CUISINE, IL Y A L'ORGE, LE SARRASIN, LE BOULGOUR, LE COUSCOUS, LA POLENTA ET LE RIZ (NOUS AVONS CONSACRÉ DÉJÀ UNE PARTIE AU RIZ DANS LE CHAPITRE « PÂTES, NOUILLES & RIZ »). LES POIS, LES LENTILLES ET LES HARICOTS SECS SONT COMMUNÉMENT APPELÉS LÉGUMINEUSES.

CÉRÉALES

BOULGOUR

On le connaît surtout dans le taboulé moyen-oriental. Il s'agit de grains de blé décortiqués, cuits à la vapeur ou blanchis, séchés, puis concassés plus ou moins finement. Avant emploi, on laisse tremper brièvement les grains dans de l'eau pour les attendrir et les faire gonfler, puis on les essore pour les sécher.

COUSCOUS

Céréale de base en Afrique composée de semoule de blé dur fine. On verse d'abord de l'eau sur les graines pour les faire gonfler, puis on les cuit à la vapeur au-dessus de la casserole dans laquelle mijotent la viande et les légumes pour le repas. Le couscous le plus couramment employé est précuit et se prépare rapidement.

ORGE

La forme d'orge généralement employée en cuisine est l'orge perlé. Les grains ont été débarrassés de leur enveloppe, cuits à la vapeur puis polis. L'orge possède une saveur forte au goût de noisette. On la fait d'ordinaire cuire dans de l'eau bouillante ou dans une soupe frémissante, mais on peut aussi l'utiliser dans des salades.

POLENTA

La polenta est constituée de maïs séché moulu plus ou moins finement. On la fait bouillir dans de l'eau, du bouillon ou du lait jusqu'à ce qu'elle atteigne une consistance de bouillie. On peut alors la faire refroidir au réfrigérateur et la découper en galettes de différentes formes que l'on fait ensuite frire ou griller.

QUINOA

Ces graines sans gluten sont consommées comme une céréale. Le quinoa possède une saveur délicate au léger goût de noisette, et une texture à la fois tendre et craquante sous la dent. Rincez et égouttez le quinoa puis faites-le cuire par absorption comme le riz (voir page 168). Il en existe des variétés noire, rouge ou blanche, parfois vendues mélangées.

ASTUCE

Les céréales sont bon marché et saines, et entrent aussi dans la composition de délicieuses spécialités culinaires du monde entier. Conservez-les dans des boîtes hermétiques, dans un endroit frais à l'abri de la lumière, ou, mieux encore, au réfrigérateur.

ASTUCE

Plus on les conserve longtemps, plus les légumineuses sont dures et mettent du temps à cuire. Achetez-les dans un magasin qui renouvelle souvent ses stocks et ne les gardez pas plus d'un an.

Faire cuire des légumineuses

LES HARICOTS ET LES POIS SECS SONT MEILLEURS QUAND ON LES LAISSE TREMPER AVANT DE LES CUIRE, MAIS CE N'EST PAS NÉCESSAIRE POUR LES LENTILLES.

TREMPAGE PENDANT LA NUIT Mettez les légumineuses dans un grand saladier pour qu'elles puissent gonfler et recouvrez-les d'eau froide ; laissez reposer dans un endroit frais pendant 6 à 8 heures – pas plus, sinon elles risquent de fermenter. Si le temps est humide, placez les légumineuses au réfrigérateur. Égouttez.

TREMPAGE RAPIDE Mettez les légumineuses dans une grande casserole, recouvrez-les généreusement d'eau froide et portez à ébullition, puis laissez cuire pendant 2 minutes. Retirez la casserole du feu et laissez reposer pendant 1 heure. Égouttez.

CUISSON Recouvrez les légumineuses d'eau froide et portez à ébullition. Ne salez qu'à la fin de la cuisson. Les lentilles rouges cuisent en 8 minutes et les vertes en 20 minutes ; les haricots et les pois mettent 1 à 2 heures à cuire, voire plus. Une fois qu'ils sont tendres, égouttez-les et utilisez-les en suivant les instructions de la recette.

LÉGUMINEUSES

Adzuki

Également connus sous le nom de haricot rouge du Japon, ce sont de petits haricots rouge-brun sucrés, utilisés dans les desserts chinois et japonais. On les trouve aussi sous forme de poudre.

Cannellinis

Petits haricots blancs italiens à la saveur douce, qui entrent dans la composition du minestrone et d'autres soupes, et de plats toscans comme les haricots au four à la pancetta et à l'ail, ou la salade de haricots au thon. On peut les remplacer par d'autres variétés de haricots blancs.

Lingots

Traditionnellement cultivés dans le sud-ouest de la France, ces haricots longs et blancs à la peau fine, digestes, entrent dans la composition du cassoulet.

Cornilles

On les appelle aussi doliques à œil noir ou niébés. Ces haricots à la saveur douce et à la peau fine cuisent plus rapidement que la plupart des autres haricots. Ils sont souvent servis avec de la viande de porc et du pain de maïs dans le sud des États-Unis.

Haricots rouges

Haricots en forme de rognon avec une saveur riche et une texture farineuse. On les retrouve dans le chili con carne et dans de nombreux autres plats d'inspiration mexicaine. Il est important de les laisser tremper pendant au moins 8 heures, puis de bien les égoutter et les rincer. Mettez les haricots dans une grande casserole remplie d'eau propre et laissez mijoter jusqu'à ce qu'ils soient tendres.

Lentilles vertes du Puy

Originaires de la région du Puy-en-Velay, ces petites lentilles vert-gris foncé ont un goût et une texture délicats et gardent bien leur forme à la cuisson.

Pois cassés

Il en existe une variété verte et une variété jaune. Les pois cassés possèdent un goût sucré et prononcé de petits pois. La soupe de pois cassés au jambon est leur utilisation la plus connue.

Pois chiches

On les connaît aussi sous le nom de garbanzos, houmous ou channa ; ils sont appréciés pour leur saveur riche au goût de noisette et leur texture ferme. C'est un ingrédient essentiel de la soupe italienne *pasta e ceci* et de l'houmous moyen-oriental. Les pois chiches sont aussi délicieux dans des salades.

ASTUCE

Les légumineuses cuites peuvent être conservées à couvert au réfrigérateur pendant 2 jours.

QUINOA

Haricots rouges

CORNILLES

Pois chiches

COUSCOUS

Orge perlé

ADZUKI

Boulgour

Cannellinis

Polenta

Lentilles vertes du Puy

POIS CASSÉS

SALADE DE QUINOA, COURGETTES & FETA

TEMPS DE PRÉPARATION + CUISSON 25 MIN (+ REFROIDISSEMENT)
POUR 4 PERSONNES

150 g de quinoa blanc
375 ml d'eau
70 g de noisettes
2 courgettes moyennes (240 g), détaillées en allumettes
250 g de mélange de tomates cerises coupées en deux
½ petit oignon rouge (50 g), coupé en fines tranches
100 g de feta émiettée
20 g de petites feuilles de basilic frais
2 cuillerées à soupe d'huile d'olive vierge extra
1 cuillerée à soupe de vinaigre de vin rouge

1 Rincez le quinoa à l'eau froide et égouttez-le bien. Mettez-le dans une casserole avec l'eau et portez à ébullition. Baissez le feu et laissez mijoter à couvert pendant 15 minutes, ou jusqu'à ce que l'eau ait été absorbée et que le quinoa soit tendre. Mettez-le dans un grand saladier de service et laissez refroidir.

2 Pendant ce temps, faites rôtir les noisettes dans une poêle à feu moyen pendant 4 minutes, ou jusqu'à ce qu'elles soient dorées. Frottez les noisettes chaudes les unes contre les autres dans un torchon propre pour les débarrasser de leur peau, puis hachez-les grossièrement.

3 Mettez les noisettes dans le saladier avec le quinoa et ajoutez les courgettes, les tomates, l'oignon, la moitié de la feta et la moitié du basilic. Mélangez l'huile et le vinaigre, arrosez la salade de cette vinaigrette, remuez doucement et assaisonnez à votre goût. Recouvrez du reste de feta et de basilic avant de servir.

ASTUCE

SI VOUS LE SOUHAITEZ, UTILISEZ UNE MANDOLINE POUR TAILLER LES COURGETTES OU BIEN RÂPEZ-LES GROSSIÈREMENT.

DAL & YAOURT AU CHUTNEY

TEMPS DE PRÉPARATION + CUISSON 30 MIN (+ REPOS)
POUR 4 PERSONNES

- 1 cuillerée à soupe d'huile d'arachide
- 1 gros oignon jaune (200 g), coupé en fines tranches
- 2 cm de gingembre (10 g) râpé
- 2 cuillerées à café de sucre roux
- 75 g de pâte de curry doux
- 1 cuillerée à café de cumin moulu
- 1 cuillerée à café de curcuma moulu
- 1 cuillerée à café de paprika doux, moulu
- 400 g de tomates concassées en boîte
- 250 g de tomates cerises
- 250 ml d'eau
- 250 ml de lait de coco
- 400 g de lentilles brunes en boîte, rincées et égouttées
- 400 g de pois chiches en boîte, rincés et égouttés
- 2 cuillerées à soupe de coriandre fraîche, grossièrement hachée

YAOURT AU CHUTNEY

- 190 g de yaourt à la grecque
- 1 cuillerée à soupe de chutney de mangue

1. Mettez l'huile à chauffer dans une grande casserole à feu moyen et faites cuire l'oignon, le gingembre et le sucre en remuant pendant 3 minutes, ou jusqu'à ce que l'oignon soit tendre. Ajoutez la pâte de curry et les épices et faites cuire en remuant pendant 1 minute, ou jusqu'à ce que le mélange libère ses arômes.
2. Ajoutez les tomates, l'eau, le lait de coco, les lentilles et les pois chiches dans la casserole, et portez à ébullition. Laissez bouillir sans couvrir pendant 10 minutes, ou jusqu'à ce que la préparation épaississe légèrement. Retirez la casserole du feu et laissez reposer 10 minutes.
3. Pendant ce temps, préparez le yaourt au chutney.
4. Parsemez le dal de coriandre et servez avec le yaourt au chutney.

YAOURT AU CHUTNEY Mélangez les ingrédients dans un bol.

SUGGESTION D'ACCOMPAGNEMENT
Servez avec du pain plat chaud.

ASTUCES

CONGELEZ LE DAL EN PORTIONS INDIVIDUELLES DANS DES BOÎTES HERMÉTIQUES JUSQU'À 1 MOIS. LAISSEZ DÉCONGELER PENDANT LA NUIT AU RÉFRIGÉRATEUR ET RÉCHAUFFEZ AU MICRO-ONDES. LE YAOURT AU CHUTNEY NE PEUT PAS ÊTRE CONGELÉ.

13.

gâteaux

Dans ce chapitre, nous passons en revue trois types de gâteaux : les gâteaux au beurre, les génoises et les gâteaux aux fruits. Vous y trouverez quantité d'astuces et de conseils, ainsi que de nombreuses solutions possibles en cas de difficulté. Le secret de la réussite d'un gâteau est d'équilibrer avec soin des ingrédients ordinaires en utilisant les bons moules, et en les faisant cuire à la bonne température. À moins d'être un pâtissier chevronné, suivez les recettes à la lettre.

PÂTISSERIE

Les bases de la pâtisserie

Pâtisseries maison – à eux seuls, ces mots évoquent de délicieux arômes et des saveurs exquises. Mais pourquoi prendre la peine de les faire soi-même, alors qu'on trouve désormais des pâtisseries et des cakes de qualité, de jolis cupcakes et des biscuits de toutes sortes jusque dans les supermarchés ? Parce que c'est une activité que nous apprécions, et que c'est un vrai bonheur de faire plaisir à sa famille et à ses amis.

Contrairement à d'autres domaines de la cuisine qui permettent d'expérimenter librement, de remplacer un ingrédient par un autre et d'ajouter une pincée de tel ou tel ingrédient, en pâtisserie il est nécessaire de suivre de près les recettes – du moins jusqu'à ce que vous soyez assez bon pour concevoir vos propres recettes. Pour réussir au mieux un gâteau, il est important d'utiliser les ingrédients indiqués (en respectant jusqu'à la taille des œufs) et de mesurer avec précision les ingrédients secs et liquides. Si vous prenez des libertés, c'est à vos risques et périls – même dans les recettes les plus simples, il y a souvent un équilibre subtil entre les ingrédients et une multitude de réactions chimiques qui se produisent.

À FAIRE & À NE PAS FAIRE

À faire

- **LISEZ** attentivement la recette avant de vous lancer.
- **PRÉCHAUFFEZ** le four en suivant les instructions de la recette.
- **FAMILIARISEZ**-vous avec les particularités de votre four et tenez-en compte pour ajuster la température, la durée de cuisson et l'emplacement des plaques.
- **PRÉPAREZ** les moules préconisés dans la recette.
- **PESEZ ET MESUREZ** les ingrédients avec précision à l'aide des ustensiles nécessaires.

À ne pas faire

- **NE SAUTEZ PAS** l'étape du tamisage car elle permet d'incorporer de l'air et de bien mélanger les ingrédients secs.
- **NE REMPLACEZ PAS** un ingrédient par un autre à moins que la recette ne le propose.
- **N'UTILISEZ PAS** une casserole de taille différente que celle indiquée dans la recette si vous voulez obtenir les mêmes résultats.

ASTUCES

Mesurez les ingrédients secs avec une balance ou avec une cuillère à soupe ou à café. Remplissez la cuillère puis passez un couteau dessus pour enlever ce qui dépasse et obtenir une cuillerée rase. C'est important, notamment avec des ingrédients comme le miel ; votre gâteau ne sera pas meilleur si vous en mettez plus.

Pour mesurer des liquides, utilisez un verre doseur gradué et posez-le sur une surface plane. Vérifiez le niveau à hauteur des yeux.

Bon à savoir

3 cuillerées à café = 1 cuillerée à soupe (15 ml)
4 cuillerées à soupe = 60 ml
6 cuillerées à soupe = 90 ml
8 cuillerées à soupe = 120 ml
10 cuillerées à soupe = 150 ml
12 cuillerées à soupe = 180 ml
16 cuillerées à soupe = 240 ml

Attention, si vous suivez des recettes de livres de cuisine étrangers, les contenances ne sont pas les mêmes. Ainsi, en Australie, la cuillerée à soupe a une contenance de 20 ml (c'est le seul pays au monde à adopter cette mesure). Sachez aussi que la tasse américaine, souvent utilisée comme unité de mesure dans les livres de recettes, a une contenance de 240 ml, soit 10 ml de moins qu'une tasse australienne.

3 FAÇONS RAPIDES DE FAIRE RAMOLLIR DU BEURRE

DANS DE NOMBREUSES RECETTES DE GÂTEAUX ET DE BISCUITS, VOUS AUREZ BESOIN DE BEURRE À TEMPÉRATURE AMBIANTE OU BIEN RAMOLLI. MAIS QUE FAIRE SI VOUS OUBLIEZ DE LE SORTIR À L'AVANCE DU RÉFRIGÉRATEUR ?

1

Hachez grossièrement le beurre dans un bol. S'il fait froid dans la cuisine, laissez reposer le bol dans un saladier d'eau chaude pendant quelque temps.

2

Râpez le beurre dans un saladier en utilisant la face grossière de la râpe. Séchez bien la râpe si vous la passez sous l'eau chaude pour la chauffer, sinon le beurre glissera dessus.

3

Placez le beurre grossièrement haché dans un plat allant au micro-ondes et faites chauffer 5 secondes à la fois ; attention, le beurre doit être mou mais pas fondu.

Comment graisser un moule

Pour graisser un moule, badigeonnez légèrement de beurre fondu la base et les côtés (cette méthode a notre préférence) ou vaporisez une légère couche uniforme d'huile de cuisson. Si une recette indique d'utiliser un moule graissé et fariné, badigeonnez le moule de beurre fondu et laissez prendre au réfrigérateur pendant quelques minutes avant de saupoudrer la surface d'une légère couche de farine uniforme. Tapotez le moule pour enlever l'excédent de farine.

MÉLANGER

Nous n'utilisons pas de robot de cuisine pour mélanger les pâtes à gâteau car les lames hachent finement mais ne sont pas en mesure d'incorporer de l'air. Il y a cependant quelques exceptions ; certaines recettes de gâteaux sont conçues spécialement pour être réalisées avec un robot de cuisine.

LE SAVIEZ-VOUS ?

COMMENT FAIRE SOI-MÊME DE LA FARINE AVEC LEVURE INCORPORÉE ?

Pour 150 g de farine tous usages, incorporez 2 cuillerées à café de levure chimique tamisée ou bien 1 cuillerée à café de crème de tartre et ½ cuillerée à café de bicarbonate de soude, tamisés.

Quand utiliser du papier cuisson ?

LES GÂTEAUX QUI CONTIENNENT BEAUCOUP DE SUCRE OU BIEN DE MIEL ONT TENDANCE À COLLER AUX MOULES. NOUS VOUS CONSEILLONS DONC DE TAPISSER LA BASE ET LES CÔTÉS DU MOULE AVEC DU PAPIER CUISSON. VOICI COMMENT PROCÉDER :

- Tracez le contour du moule sur une feuille de papier cuisson avec un crayon.
- Découpez la forme, légèrement à l'intérieur du contour tracé, pour que le papier soit bien ajusté dans le moule graissé.
- Pour les gâteaux qui nécessitent une cuisson de une heure ou plus, laissez dépasser le papier cuisson du bord du moule d'environ 5 cm pour protéger le dessus du gâteau.
- Il n'est pas nécessaire de graisser le papier cuisson une fois qu'il est en place, mais pour le faire coller au moule, vous pouvez vaporiser une couche d'huile de cuisson dans le moule avant de le mettre.

GÂTEAUX AU BEURRE

UNE FOIS QUE VOUS MAÎTRISEREZ LES TECHNIQUES DE BASE DU GÂTEAU AU BEURRE, VOUS POURREZ RÉALISER TOUTES SORTES DE VARIANTES FANTASTIQUES ; VOUS NE SEREZ DONC PLUS JAMAIS OBLIGÉ DE FAIRE LE MÊME GÂTEAU DEUX FOIS.

HEUREUSEMENT, LES BATTEURS ÉLECTRIQUES VOUS FACILITERONT LA TÂCHE POUR CE QUI EST DE L'ÉTAPE ESSENTIELLE DU MÉLANGE DES INGRÉDIENTS. VOUS POUVEZ FAIRE CUIRE DES GÂTEAUX AU BEURRE DE DIFFÉRENTES FORMES ET TAILLES, Y COMPRIS LES CUPCAKES, VEDETTES DU MOMENT. DITES ADIEU AUX PRÉPARATIONS TOUTES FAITES POUR GÂTEAUX !

Q+R

LE SUCRE BLANC PEUT-IL REMPLACER LE SUCRE BRUT DANS UN GÂTEAU AU BEURRE ?

Non, si la recette n'a pas été testée avec du sucre brut. Le sucre brut est moins raffiné que le sucre roux ou blanc et se dissout difficilement pendant la cuisson au four. Vous pouvez cependant remplacer le sucre blanc par du sucre roux si vous le souhaitez (par exemple, de la vergeoise blonde).

ASTUCE

ENFOURNEZ LA PLAQUE AVEC VOTRE MOULE DE FAÇON QUE LE DESSUS DU GÂTEAU SOIT À PEU PRÈS AU CENTRE DU FOUR.

Pourquoi battre la préparation jusqu'à ce qu'elle pâlisse ?

Au fur et à mesure que vous la battez, la préparation passe d'un jaune crème à une couleur plus pâle, signe qu'elle est alors devenue plus légère.

6 ÉTAPES POUR RÉUSSIR SES GÂTEAUX AU BEURRE

1

Sortez les ingrédients à l'avance pour qu'ils soient à température ambiante.

2

Servez-vous d'un batteur électrique robuste sur socle ou d'un bon batteur électrique à main. Choisissez un saladier à bord droit aussi petit que possible pour préparer la pâte à gâteau. Si vous devez déplacer le batteur tout autour d'un grand saladier pour battre la préparation, elle prendra moins de volume.

3

Commencez par battre le beurre avec les arômes, comme les zestes de citron, les essences ou les extraits, afin que leurs saveurs soient absorbées par le beurre. Battez celui-ci jusqu'à ce qu'il pâlisse.

4

Ajoutez le sucre et battez à vitesse moyenne pendant 3 minutes environ, ou jusqu'à ce que la préparation pâlisse et soit aérée ; il n'est pas nécessaire que le sucre soit dissous. Ne travaillez pas trop la préparation, sinon le gâteau risque de s'affaisser.

5

Ajoutez les œufs non battus un par un et battez jusqu'à ce que chaque œuf soit incorporé avant d'ajouter le suivant.

6

À l'aide d'une cuillère en bois ou d'un batteur électrique tournant à vitesse minimale, ajoutez la moitié des ingrédients secs tamisés puis la moitié des ingrédients liquides et mélangez doucement (pas trop, sinon la pâte risque de devenir trop ferme). Répétez l'opération avec le reste des ingrédients.

REMÉDIER AUX PROBLÈMES

PROBLÈME	CAUSES POSSIBLES
LE GÂTEAU S'AFFAISSE AU CENTRE APRÈS LA CUISSON.	Le gâteau n'est généralement pas assez cuit.
LE GÂTEAU S'AFFAISSE AU CENTRE PENDANT LA CUISSON.	La pâte à gâteau gonfle trop rapidement parce que le four est trop chaud.
LE GÂTEAU EST RECOUVERT D'UNE CROÛTE DE SUCRE.	Le beurre et le sucre n'ont pas été suffisamment travaillés, ou bien la pâte à gâteau contient trop de sucre.
LA SURFACE DU GÂTEAU EST PARSEMÉE DE TACHES BLANCHES.	Le sucre n'a pas été suffisamment dissous. Il est préférable d'utiliser du sucre en poudre car il se dissout facilement durant la cuisson. La pâte à gâteau n'a pas été assez travaillée.
LE GÂTEAU EST RECOUVERT DE TRAÎNÉES.	Les ingrédients n'ont pas été suffisamment mélangés. Les restes de pâte sur les parois du saladier n'ont pas été correctement incorporés.
LE GÂTEAU EST PÂLE EN SURFACE.	Le moule utilisé était trop profond, ou bien le papier cuisson remontait trop haut autour des côtés du moule.
LE GÂTEAU SE RÉTRACTE TROP.	Le gâteau a été cuit à température trop élevée et pendant trop longtemps.
LE GÂTEAU S'ÉMIETTE QUAND ON LE COUPE.	La pâte a été travaillée trop longtemps, en particulier si le gâteau contient des fruits.
LE GÂTEAU COLLE AU MOULE.	Il y a trop de sucre ou d'édulcorant. S'il y a du miel ou un sirop de sucre dans une recette, ou si vous utilisez un nouveau moule, il est conseillé de graisser le moule puis de le tapisser de papier cuisson.
LES BORDS DU GÂTEAU SONT CROQUANTS.	Le gâteau a été cuit à une température trop élevée.
LE GÂTEAU GONFLE ET SE FISSURE AU CENTRE.	Le moule utilisé était trop petit ; la plupart des gâteaux cuits dans un moule à cake ou en couronne craquelient légèrement en raison de la petite surface du moule. La température du four était trop élevée.
LE GÂTEAU GONFLE DE FAÇON IRRÉGULIÈRE.	La plaque de four n'était pas droite, le gâteau a cuit sur une plaque de four non placée horizontalement, ou la pâte n'a pas été répartie de façon uniforme dans le moule.
IL Y A DES TROUS DANS LE GÂTEAU CUIT.	La pâte à gâteau n'a pas été suffisamment travaillée, ou bien le four était trop chaud.

GÂTEAU AU BEURRE & GLAÇAGE AU CARAMEL

TEMPS DE PRÉPARATION + CUISSON 1 H 15 (+ REFROIDISSEMENT)
POUR 10 PERSONNES

125 g de beurre ramolli
220 g de sucre roux
1 cuillerée à café d'extrait de vanille
2 œufs
1 cuillerée à soupe de sirop d'érable
150 g de farine tous usages
75 g de farine avec levure incorporée
1 cuillerée à café de cannelle moulue
125 ml de lait

GLAÇAGE AU CARAMEL
220 g de sucre roux
60 g de beurre
2 cuillerées à soupe de lait
120 g de sucre glace
2 cuillerées à café de lait, en supplément

ASTUCE

CE GÂTEAU PEUT ÊTRE CONSERVÉ JUSQU'À 3 JOURS DANS UN RÉCIPIENT HERMÉTIQUE. SANS LE GLAÇAGE, VOUS POUVEZ LE GARDER JUSQU'À 3 MOIS AU CONGÉLATEUR.

1 Préchauffez le four à 180 °C (th. 6). Graissez un plat à gâteau rond et profond de 20 cm de diamètre ; tapissez la base de papier cuisson.

2 Battez le beurre, le sucre et l'extrait de vanille dans un petit saladier avec un batteur électrique jusqu'à ce que le mélange pâlisse et soit aéré. Sans cesser de battre, ajoutez les œufs et le sirop d'érable. Incorporez les farines, la cannelle tamisées et le lait. Étalez la préparation dans le moule.

3 Faites cuire le gâteau au four pendant 50 minutes, ou jusqu'à ce qu'une lame de couteau insérée au centre ressorte propre. Laissez reposer le gâteau dans le moule pendant 5 minutes, puis démoulez-le à l'endroit sur une grille métallique pour le faire refroidir.

4 Pendant ce temps, préparez le glaçage au caramel.

5 Étalez le glaçage sur le gâteau froid avant de servir.

GLAÇAGE AU CARAMEL Faites chauffer le sucre roux, le beurre et le lait dans une petite casserole en remuant sans cesse, sans laisser bouillir, jusqu'à ce que le sucre soit dissous. Portez à ébullition, puis baissez le feu et laissez mijoter sans couvrir pendant 3 minutes, sans remuer. Retirez la casserole du feu et incorporez le sucre glace tamisé. Incorporez un peu de lait en supplément jusqu'à ce que le glaçage ait la bonne consistance.

CUPCAKES À LA CRÈME, À LA BANANE & AU FRUIT DE LA PASSION

TEMPS DE PRÉPARATION + CUISSON 50 MIN (+ REFROIDISSEMENT)
POUR 16 CUPCAKES

125 g de beurre ramolli
165 g de sucre roux
2 œufs
225 g de farine avec levure incorporée
½ cuillerée à café de bicarbonate de soude
1 cuillerée à café de mélange de cannelle, de muscade et de poivre de la Jamaïque
460 g de bananes très mûres, écrasées
120 g de crème aigre
60 ml de lait
375 ml de crème entière liquide
2 bananes moyennes (400 g), coupées en fines rondelles
160 ml de pulpe de fruits de la Passion

1 Préchauffez le four à 180 °C (th. 6). Tapissez de caissettes en papier 16 alvéoles de deux moules à muffin de 12 alvéoles (80 ml).
2 Battez le beurre et le sucre dans un petit saladier avec un batteur électrique jusqu'à ce que le mélange pâlisse et soit aéré. Sans cesser de battre, incorporez les œufs, un par un.
3 Transvasez la préparation dans un grand saladier et incorporez les ingrédients secs tamisés, les bananes écrasées, la crème aigre et le lait, en deux fois. Déposez 60 ml de pâte dans chaque caissette en papier.
4 Faites cuire au four pendant 30 minutes, ou jusqu'à ce qu'une lame de couteau insérée au centre des cupcakes ressorte propre. Laissez reposer les gâteaux dans les moules pendant 5 minutes avant de les démouler, à l'endroit, sur une grille métallique pour les laisser refroidir.
5 Pendant ce temps, battez la crème dans un petit saladier avec un batteur électrique jusqu'à la formation de pics fermes.
6 Recouvrez les cupcakes refroidis de généreuses cuillerées de crème fouettée ; ajoutez des rondelles de banane puis arrosez de pulpe de fruits de la Passion.

REMARQUE

VOUS AUREZ BESOIN D'ENVIRON DEUX GROSSES BANANES TRÈS MÛRES POUR CETTE RECETTE, ET DE DEUX AUTRES MOINS MÛRES POUR LA DÉCORATION.

Q+R

COMMENT CONGELER DES CUPCAKES

Congelez les cupcakes pas encore glacés sans les superposer pour ne pas les abîmer, dans des boîtes en plastique hermétiques. Pour de meilleurs résultats, remplissez-les autant que vous le pouvez pour qu'il y ait le moins d'air possible. Gardez-les au congélateur jusqu'à 2 mois. Laissez-les décongeler à température ambiante peu de temps avant de les décorer.

GÉNOISES

LA POPULARITÉ DE CES GÂTEAUX LÉGERS, AÉRÉS ET FONDANTS NE S'EST JAMAIS DÉMENTIE ; ON LES RETROUVE DANS DE NOMBREUX DESSERTS, DU CLASSIQUE GÂTEAU FOURRÉ À LA CONFITURE ET À LA CRÈME À LA POPULAIRE FORÊT-NOIRE.

UNE GÉNOISE TRADITIONNELLE EST À BASE DE FARINE DE BLÉ ET NE CONTIENT PAS D'AGENT LEVANT – ELLE GONFLE GRÂCE À L'AIR INCORPORÉ DANS LES ŒUFS LORSQU'ILS SONT LONGUEMENT BATTUS. CERTAINES GÉNOISES SONT RÉALISÉES AVEC UN MÉLANGE DE FÉCULE DE MAÏS ET DE FARINE DE BLÉ, MAIS LES PURISTES NE VOIENT CEPENDANT PAS CELA D'UN BON ŒIL ET UTILISENT UNIQUEMENT DE LA FARINE DE BLÉ, TAMISÉE AU MOINS TROIS FOIS.

REMÉDIER AUX PROBLÈMES

PROBLÈME	CAUSES POSSIBLES
LA SURFACE DE LA GÉNOISE EST RECOUVERTE DE TRAÎNÉES.	Des restes de pâte sur les parois du saladier n'ont pas été incorporés dans la préparation ; ils sont toujours légèrement plus sombres que le reste de la pâte. Il est préférable de les mettre vers les côtés du moule plutôt qu'au centre.
LA SURFACE DE LA GÉNOISE EST PARSEMÉE DE PETITES TACHES BLANCHES.	Le sucre n'est pas entièrement dissous. Il faut l'ajouter progressivement dans les œufs et le battre jusqu'à ce qu'il soit entièrement incorporé avant d'en ajouter.
LA GÉNOISE EST PÂLE ET COLLANTE EN SURFACE.	Elle a été cuite à une température trop faible, ou était mal placée dans le four.
UNE CROÛTE S'EST FORMÉE À LA SURFACE.	La génoise a été cuite à température trop élevée, était mal placée dans le four, ou bien le moule était trop petit. L'emploi d'un moule à gâteau à bords hauts protège la pâte.
LA GÉNOISE S'EST RÉTRACTÉE DANS LE FOUR.	Elle a été cuite à température trop élevée ou pendant trop longtemps.
LA GÉNOISE EST PLATE ET DURE.	Les œufs et le sucre n'ont pas été suffisamment battus. La farine et les ingrédients liquides n'ont pas été correctement incorporés. La farine doit être tamisée trois fois et incorporée délicatement dans la préparation avec un geste circulaire.
LA GÉNOISE S'AFFAISSE AU CENTRE.	Le moule était trop petit ; la génoise a donc gonflé trop vite puis s'est affaissée au centre.
LES DEUX GÉNOISES QUE J'AI PRÉPARÉES NE SONT PAS DE MÊME HAUTEUR.	La préparation n'a pas été répartie uniformément dans les moules et l'une des génoises ne sera pas assez cuite ou bien trop cuite. Pour un résultat parfait, pesez les moules remplis avant de les enfourner.

6 ÉTAPES POUR RÉUSSIR SES GÉNOISES

1

Le bol à bords hauts d'un batteur électrique sur socle est idéal pour battre les œufs avec le plus de volume possible. Commencez par battre les œufs à vitesse faible puis, au fur et à mesure qu'ils épaississent, passez à vitesse moyenne.

2

Ajoutez le sucre en poudre cuillerée à soupe par cuillerée à soupe, et battez jusqu'à ce qu'il soit entièrement dissous avant d'en ajouter. Il faut compter environ 10 minutes pour incorporer et dissoudre la totalité du sucre.

3

Transvasez rapidement la préparation dans un grand saladier à bords évasés.

4

Tenez le tamis aussi haut que possible pour incorporer le maximum d'air dans la farine.
Le dernier tamisage doit être effectué au-dessus de la préparation aux œufs, afin d'y incorporer les ingrédients secs.

5

Incorporez les ingrédients secs dans la pâte à l'aide d'une cuillère en métal, d'une maryse, d'un couteau ou de votre main (en écartant les doigts).

6

Si la recette nécessite l'emploi d'ingrédients liquides (lait, eau, beurre fondu), incorporez-les en dernier.

ASTUCES

POUR SAVOIR SI UNE GÉNOISE EST CUITE, TOUCHEZ DOUCEMENT LE CENTRE DU BOUT DES DOIGTS. SI L'EMPREINTE S'EFFACE ET QUE LA GÉNOISE COMMENCE À SE RÉTRACTER SUR LES BORDS, SORTEZ-LA DU FOUR ET AGITEZ DOUCEMENT LE MOULE JUSQU'À CE QUE VOUS SENTIEZ LA GÉNOISE SE DÉTACHER DE LA BASE ET DES PAROIS. DÉMOULEZ LA GÉNOISE PUIS METTEZ-LA À L'ENDROIT SUR UNE GRILLE MÉTALLIQUE RECOUVERTE DE PAPIER CUISSON POUR LA LAISSER REFROIDIR.

Roulés

Les roulés sont faciles à réaliser. On roule la génoise à l'aide de papier cuisson saupoudré de sucre ; vous pouvez cependant aussi vous servir d'un torchon propre saupoudré de sucre.

Q+R

QUEL EST LE MOULE LE PLUS ADAPTÉ POUR FAIRE UNE GÉNOISE ?

Les moules à bords hauts donnent de meilleurs résultats car les parois élevées protègent la génoise délicate. Étalez doucement la pâte sur toute la surface du moule ; elle ne se répartira pas sous la chaleur du four. Tapez une fois le moule à génoise sur le plan de travail pour chasser les grosses bulles d'air.

Le saviez-vous ?

DE MANIÈRE GÉNÉRALE, LES GÉNOISES CUISENT MIEUX LORSQUE LE HAUT DES MOULES EST AU CENTRE DU FOUR. QUAND VOUS METTEZ DEUX GÉNOISES ET QU'ELLES NE SONT PAS AU MÊME NIVEAU DANS LE FOUR, MIEUX VAUT LES CHANGER DE PLACE JUSTE APRÈS LA MOITIÉ DE LA CUISSON POUR ASSURER UNE CUISSON HOMOGÈNE. PROCÉDEZ RAPIDEMENT ET MANIPULEZ LES MOULES AVEC PRÉCAUTION.

GÉNOISE TRÈS LÉGÈRE

TEMPS DE PRÉPARATION + CUISSON 40 MIN • POUR 10 PERSONNES

4 œufs
165 g de sucre en poudre
100 g de fécule de maïs
30 g de préparation pour crème pâtissière
1 cuillerée à café de crème de tartre
½ cuillerée à café de bicarbonate de soude
110 g de confiture de fraises ou de framboises
300 ml de crème liquide entière, fouettée

1 Préchauffez le four à 180 °C (th. 6). Graissez et farinez deux moules à gâteaux ronds et profonds de 22 cm de diamètre.

2 Battez les œufs et le sucre dans un petit saladier avec un batteur électrique jusqu'à ce que le mélange soit épais et crémeux et que le sucre soit dissous. Transvasez la préparation dans un grand saladier et incorporez les ingrédients secs tamisés trois fois. Répartissez la préparation dans les moules.

3 Faites cuire les génoises au four pendant 20 minutes environ, ou jusqu'à ce que l'empreinte de vos doigts s'efface lorsque vous appuyez délicatement au centre. Démoulez les génoises, à l'endroit, sur des grilles métalliques recouvertes de papier cuisson pour les laisser refroidir.

4 Assemblez les génoises en les fourrant de confiture et de crème fouettée.

ASTUCE

VOS GÉNOISES SERONT MEILLEURES SI VOUS UTILISEZ DES ŒUFS BIO DE POULES ÉLEVÉES EN PLEIN AIR OU DES ŒUFS FRAIS DE LA FERME, D'ENVIRON 3 À 4 JOURS.

NON FOURRÉES, LES GÉNOISES PEUVENT ÊTRE CONGELÉES JUSQU'À 2 MOIS.
LES GÉNOISES FOURRÉES SONT MEILLEURES DÉGUSTÉES LE JOUR MÊME DE LEUR CONFECTION.

GÂTEAUX AUX FRUITS

POUR CEUX QUI ONT LA CHANCE DE POSSÉDER DES ARBRES FRUITIERS, LES GÂTEAUX AUX FRUITS SONT UNE TRÈS BONNE ET DÉLICIEUSE FAÇON D'UTILISER LES PRODUITS DE LEUR JARDIN, QUI CHANGE DES CONSERVES ET DES COMPOTES. CES GÂTEAUX PERMETTENT AUSSI DE VARIER LES PLAISIRS, PAR EXEMPLE EN RÉALISANT DES GÂTEAUX LÉGERS AUX POIRES, À LA RHUBARBE OU AUX FRUITS À NOYAUX, EN CONFECTIONNANT DES GÂTEAUX À LA BANANE POUR UTILISER DES BANANES TROP MÛRES, EN PRÉPARANT DES GÂTEAUX AUX FRUITS CONFITS OU BIEN ENCORE DES GÂTEAUX PLUS RICHES ET PLUS DENSES AUX FRUITS SECS.

?

Le saviez-vous ?

SI VOUS SAVEZ QUE QUELQU'UN N'AIME PAS LES CERISES CONFITES OU LES MÉLANGES DE ZESTES DANS LES GÂTEAUX AUX FRUITS, VOUS POUVEZ LES REMPLACER PAR D'AUTRES FRUITS (MÊME POIDS) OU BIEN LES SUPPRIMER DE LA RECETTE SI LEUR QUANTITÉ N'EXCÈDE PAS 60 G.

Gâteaux et roulés aux fruits secs

Les gâteaux et les roulés aux fruits secs peuvent contenir des fruits frais, des fruits confits et des fruits secs, du son de blé, de la farine de blé complet et de l'avoine. Difficile de trouver gâteaux plus sains ! Coupés en tranches et servis froids, ou bien grillés et beurrés, ils sont parfaits pour le petit déjeuner, en en-cas ou bien à emporter avec soi lors d'une activité physique.

ASTUCE

Ne paniquez pas si votre cake craquelle pendant la cuisson. Du fait de l'étroitesse du moule, la pâte est contrainte de gonfler rapidement sous l'effet de la chaleur. Laissez reposer le cake pendant 5 minutes environ avant de le demouler pour le laisser refroidir.

Q+R

MES GÂTEAUX ONT TENDANCE À ÊTRE UN PEU SECS. COMMENT FAIRE POUR LES RENDRE PLUS MOELLEUX ?

La solution est simple : il suffit de remplacer une partie du sucre par du miel, qui a la particularité de retenir l'humidité, et d'envelopper vos gâteaux de film alimentaire dès leur sortie du four. Ainsi, vos gâteaux seront plus moelleux et se conserveront plus longtemps. Mais attention, le miel a un pouvoir sucrant plus important que le sucre, et il ne faudra pas le substituer au sucre à parts égales : remplacez deux tiers de sucre seulement par du miel.

6 ÉTAPES POUR RÉUSSIR SES GÂTEAUX AUX FRUITS

1

Décidez du moment où vous allez préparer votre gâteau, et lisez bien la recette à l'avance pour vous assurer que vous avez tous les ingrédients. C'est également utile s'il faut laisser tremper les fruits au préalable.

2

Vérifiez que vous avez un moule de la bonne taille ; sinon, achetez-le, empruntez-le ou bien louez-le.

3

Préparez le moule selon les instructions de la recette ; il doit généralement être tapissé de papier cuisson.

4

Assurez-vous que votre four chauffe convenablement. Si vous ne faites pas confiance au thermostat, achetez un thermomètre à four et ajustez le temps de cuisson en fonction de la chaleur restituée par votre four.

5

Hachez tous les fruits en morceaux de la même taille (celle d'un grain de raisin sec sultanine environ).

6

Prévoyez suffisamment de temps pour préparer et faire cuire votre gâteau, puis pour qu'il refroidisse avant d'être servi.

REMÉDIER AUX PROBLÈMES

PROBLÈME	CAUSES POSSIBLES
LES FRUITS TOMBENT AU FOND DU MOULE.	Les fruits n'ont pas été suffisamment bien séchés après avoir été lavés. La farine tous usages a été remplacée par de la farine avec levure incorporée. La pâte à gâteau était trop liquide pour supporter le poids des fruits (parce qu'elle a été trop travaillée). Les morceaux de fruits sont trop gros ; ils doivent être coupés en morceaux de la taille d'un grain de raisin sec sultanine pour que la pâte puisse en supporter le poids.
LE GÂTEAU EST PÂTEUX AU MILIEU.	Le gâteau a été cuit dans un four trop froid, ou pas suffisamment longtemps.
LE DESSOUS DU GÂTEAU EST BRÛLÉ.	Le gâteau était mal placé dans le four, le moule était mal chemisé, ou la température du four était trop élevée.
LE GÂTEAU A GONFLÉ DE FAÇON IRRÉGULIÈRE.	La plaque de four ou bien le four lui-même n'étaient pas horizontaux, ou la pâte a été mal répartie dans le moule. Utilisez une spatule humide pour niveler la surface de la pâte quand vous la versez dans le moule.
LA PÂTE À GÂTEAU CONTIENT DES GRUMEAUX.	Les œufs et le beurre n'étaient pas à température ambiante, ou les œufs n'ont pas été ajoutés suffisamment rapidement dans le mélange de beurre et de sucre. Les œufs étaient trop gros pour pouvoir être absorbés par la préparation. Si vos œufs pèsent plus de 60 g, supprimez-en un ou bien ajoutez uniquement le jaune de l'un d'eux. Si la pâte travaillée contient des grumeaux, le gâteau risque de s'émietter une fois cuit.
LE GÂTEAU S'AFFAISSE AU CENTRE.	De la farine avec levure incorporée a été utilisée, ou bien une quantité trop importante de bicarbonate de soude. Généralement, on ne met que de la farine tous usages dans les gâteaux aux fruits, mais on ajoute parfois un peu de farine avec levure incorporée. Le gâteau n'a pas été cuit correctement. Pour vérifier s'il est cuit, enfoncez un couteau pointu au centre et retirez doucement la lame : si elle est propre et présente seulement des traces de fruits collants, le gâteau est cuit.

GÂTEAUX AUX FRUITS SECS & AU CHOCOLAT

TEMPS DE PRÉPARATION + CUISSON 2 H (+ REFROIDISSEMENT & REPOS)
POUR 6 PERSONNES

185 g de beurre
375 g de raisins secs sultanines
250 g de raisins de Corinthe grossièrement hachés
140 g de beurre de cacahuètes
220 g de vergeoise brune
250 ml de liqueur de chocolat ou de noisette
180 g de chocolat noir
70 g de cacahuètes grillées, non salées
120 g d'amandes
50 g de noix grillées
110 g de noix de macadamia grillées, non salées
4 œufs
360 g de farine tous usages
35 g de farine avec levure incorporée
70 g de cacahuètes grillées, non salées, en supplément
80 g d'amandes, en supplément
50 g de noix grillées, en supplément
70 g de noix de macadamia grillées, non salées, en supplément

CARAMEL
330 g de sucre en poudre
125 ml d'eau

1 Hachez le beurre en morceaux puis mettez-les dans une grande casserole avec les raisins secs, le beurre de cacahuètes, le sucre et la liqueur. Faites chauffer à feu moyen en remuant, sans laisser bouillir, jusqu'à ce que le sucre soit dissous. Portez alors à ébullition puis baissez le feu et laissez mijoter à couvert pendant 10 minutes. Transvasez la préparation dans un grand saladier et laissez refroidir.

2 Préchauffez le four à 130 °C (th. 4-5). Graissez six moules à gâteau profonds et carrés, de 10 cm de côté ; tapissez la base et les côtés de deux couches de papier cuisson, en laissant dépasser le papier de 5 cm.

3 Hachez grossièrement le chocolat et les fruits à coque puis incorporez-les dans le mélange aux raisins secs avec les œufs légèrement battus et les farines tamisées. Étalez la préparation dans les moules.

4 Faites cuire les gâteaux au four pendant 1 heure. Couvrez les gâteaux chauds de papier d'aluminium et retournez les gâteaux. Laissez-les refroidir dans les moules pendant la nuit.

5 Préparez le caramel.

6 Hachez grossièrement les fruits à coque en supplément. Arrosez un des gâteaux d'un peu de caramel ; ajoutez une partie des fruits à coque dessus en appuyant, en faisant attention car le caramel est chaud. Ajoutez encore un peu de caramel dessus pour glacer. Répétez l'opération avec le reste des gâteaux, de caramel et de fruits à coque. Laissez reposer jusqu'à ce que le caramel prenne.

CARAMEL Faites chauffer le sucre et l'eau dans une petite casserole à feu vif, sans laisser bouillir, jusqu'à ce que le sucre soit dissous. Portez ensuite à ébullition, puis laissez bouillir sans couvrir et sans remuer pendant 10 minutes environ, ou jusqu'à l'obtention d'une couleur de caramel.

ASTUCE Les gâteaux se conservent dans une boîte hermétique à température ambiante jusqu'à 4 semaines ; le caramel s'attendrira au bout de quelques jours.

Q+R

POURQUOI PRÉPARER CE GÂTEAU EN DEUX TEMPS ?

Il est essentiel de laisser refroidir la première préparation (beurre, beurre de cacahuètes, raisins, sucre et liqueur) suffisamment longtemps ; c'est une étape importante, qui prend plusieurs heures. Les ingrédients secs et les œufs ne doivent être incorporés que lorsque la première préparation est froide. Ensuite, la cuisson au four peut être lancée.

ASTUCES

POUR CETTE RECETTE, VOUS POUVEZ UTILISER DE LA LIQUEUR DE CHOCOLAT OU DE NOISETTE DU COMMERCE, MAIS VOUS POUVEZ AUSSI LA PRÉPARER VOUS-MÊME, C'EST TRÈS FACILE ET TRÈS RAPIDE. DANS CE CAS, PRÉPAREZ-LA LA VEILLE ET METTEZ-LA AU RÉFRIGÉRATEUR ; VOUS POURREZ ENSUITE LA CONSERVER PENDANT 2 SEMAINES, TOUJOURS AU RÉFRIGÉRATEUR.

14.

tartes

Dans ce chapitre, nous nous sommes concentrés sur la pâte brisée car c'est le type de pâte le plus couramment employé, aussi bien pour les tartes sucrées que pour les salées. Vous avez bien sûr la possibilité de l'acheter prête à l'emploi – c'est également le cas pour la pâte feuilletée et la pâte filo, dont vous aurez aussi besoin pour les recettes de ce chapitre –, mais sachez qu'une pâte maison est facile à préparer et délicieuse. Lisez toutes les informations avant de commencer, suivez les recettes attentivement, et vous serez bientôt capable de réaliser d'excellentes pâtes, souples et légères.

PÂTE

UNE PÂTE FONDANTE TOUT DROIT SORTIE DU FOUR DU BOULANGER EST UN VÉRITABLE DÉLICE. QU'ELLE SOIT SALÉE OU SUCRÉE, LA PÂTE MAISON EST IRRÉSISTIBLE ET PLUS FACILE À PRÉPARER QUE VOUS L'IMAGINEZ PEUT-ÊTRE.

Pâte brisée

C'est sans doute la pâte la plus couramment employée, aussi bien pour confectionner des mets sucrés que des préparations salées. La pâte brisée est ferme et tendre à la fois, avec un délicieux goût de beurre. On peut l'acheter toute faite au supermarché, ou bien la préparer soi-même en mélangeant du beurre froid et de la farine puis en ajoutant du jaune d'œuf et du jus de citron, ou de l'eau. Vous pouvez travailler la pâte à la main ou bien au robot de cuisine. Pour les recettes de desserts, on ajoute du sucre dans la pâte – de préférence du sucre glace. La pâte brisée sert à réaliser des tartes, des tourtes et des chaussons.

Pâte filo

Il s'agit de feuilles de pâte crue très fines que l'on badigeonne d'huile ou de beurre fondu et que l'on superpose, puis que l'on coupe ou plie selon les instructions de la recette. On obtient ainsi une pâte croustillante et aérée. La pâte filo sert à confectionner des tartes et de petits feuilletés, comme les spanakopitas (triangles aux épinards et au fromage) ou les baklavas. Elle s'achète fraîche ou surgelée dans les supermarchés ou les épiceries orientales. Préférez cependant la pâte filo fraîche car il est parfois difficile de décoller les feuilles de pâte filo surgelée lorsqu'on les décongèle.

Pétrir la pâte

ON NE PÉTRIT PAS LA PÂTE COMME ON LE FERAIT AVEC UNE PÂTE À PAIN : ON LA FAÇONNE DÉLICATEMENT ET RAPIDEMENT EN FORME DE BLOC OU DE DISQUE AVANT DE LA LAISSER REPOSER. UTILISEZ JUSTE ASSEZ DE FARINE POUR EMPÊCHER LA PÂTE DE COLLER, FAITES ATTENTION À NE PAS EN METTRE TROP.

Pâte feuilletée

La pâte feuilletée est composée de centaines de couches extrêmement fines de pâte croustillante. Pour se faciliter la tâche, on peut acheter de la pâte feuilletée en rouleau au supermarché. La pâte feuilletée est employée dans des recettes sucrées et salées.

Le saviez-vous ?

IL EST PRÉFÉRABLE D'ABAISSER UNE PÂTE SUR UNE SURFACE FROIDE. LE MARBRE EST IDÉAL MAIS VOUS POUVEZ AUSSI LE FAIRE SUR VOTRE PLAN DE TRAVAIL, DU MOMENT QU'IL EST LISSE ET PROPRE.

Faire reposer la pâte

Le temps de repos de la pâte est généralement d'environ 30 minutes au réfrigérateur – c'est indispensable pour qu'elle soit réussie. Façonnez la pâte en un bloc ou en un disque d'épaisseur uniforme. Enveloppez-la dans du film plastique et placez-la au réfrigérateur pendant la durée indiquée dans la recette.

Abaisser la pâte

On réalise cette opération sur le plan de travail avec juste assez de farine pour éviter qu'elle ne colle – une quantité de farine trop importante perturbe l'équilibre entre les ingrédients – ou entre deux feuilles de papier cuisson. Il existe des rouleaux à pâtisserie de nombreux types, tailles et formes, tous très pratiques, qu'ils soient en bois, en céramique, en plastique ou en verre. Pour abaisser la pâte, il est important d'appliquer une pression égale dessus pour que son épaisseur soit la même partout. Procédez par petits mouvements légers du centre vers les bords de la pâte et ne passez jamais le rouleau sur les bords, sinon ils risquent de devenir trop fins, de se fendre ou d'être difficiles à décoller du plan de travail ou du papier cuisson.

Chemiser un plat ou un moule

Si vous avez abaissé la pâte sur le plan de travail, placez le rouleau à pâtisserie au centre de la pâte, repliez la moitié de celle-ci sur le rouleau et soulevez le rouleau d'une main en soutenant la pâte de l'autre. Déposez-la sur la base du plat puis retirez le rouleau. Appuyez doucement sur la pâte tout autour du moule, sans l'étendre. Si vous avez abaissé la pâte entre des feuilles de papier cuisson, retirez la couche supérieure de papier, placez la main sous la feuille de papier cuisson restante pour soutenir la pâte, puis retournez-la sur le moule. Décollez le papier cuisson et mettez la pâte en place dans le moule. Passez le rouleau à pâtisserie sur les bords du moule pour retirer l'excédent de pâte.

Piquer la pâte

C'est une technique utilisée pour empêcher la pâte de gonfler. Avant de la faire cuire, piquez la pâte sur toute sa surface tous les 2 centimètres environ, à l'aide d'une fourchette ou d'un pique-pâte. Si les bords du plat sont hauts, piquez les côtés de la pâte et pas seulement la base.

Pâte à choux

LA PÂTE À CHOUX EST UNE PÂTE CUITE. ON PRÉPARE UNE PÂTE ÉPAISSE EN FAISANT FONDRE DU BEURRE AVEC DE L'EAU DANS UNE CASSEROLE, PUIS EN INCORPORANT DE LA FARINE SUR LE FEU JUSQU'À CE QUE LA PRÉPARATION SE DÉTACHE DES PAROIS DE LA CASSEROLE. ON LA RETIRE ENSUITE DU FEU ET ON Y INCORPORE DES ŒUFS, EN BATTANT, JUSQU'À LA FORMATION D'UNE PÂTE LISSE. ON SE SERT D'UNE POCHE À DOUILLE OU D'UNE CUILLÈRE POUR DÉPOSER DES PETITS TAS DE PÂTE DE FORMES VARIÉES SUR UNE PLAQUE AVANT DE LA FAIRE CUIRE AU FOUR. C'EST LE TYPE DE PÂTE UTILISÉ POUR RÉALISER DES ÉCLAIRS ET DES CHOUX À LA CRÈME, NOTAMMENT DANS LE CROQUEMBOUCHE, UNE PIÈCE MONTÉE RÉALISÉE AVEC DES CHOUX FOURRÉS DE CRÈME PÂTISSIÈRE ET GLACÉS DE CARAMEL.

Q+R

QUE SIGNIFIE « CUIRE À BLANC » ?

C'est faire cuire la pâte avant d'ajouter la garniture. C'est une méthode employée lorsqu'une garniture est très humide ou ne nécessite pas de cuisson au four. Pour empêcher le fond de tarte de gonfler ou de cloquer, on le recouvre de papier cuisson et on le leste avec des haricots secs, du riz cru ou des billes de cuisson avant de le faire cuire brièvement au four. On retire ensuite les poids et le papier cuisson et on poursuit la cuisson de la pâte jusqu'à ce qu'elle soit dorée et sèche. On la laisse refroidir puis on ajoute la garniture. Une fois que les haricots et le riz utilisés pour la cuisson à blanc ont refroidi, vous pouvez les conserver dans une boîte hermétique et vous en servir de nouveau (mais uniquement pour cet usage).

QUICHE LORRAINE

TEMPS DE PRÉPARATION + CUISSON 1 H 30 (+ RÉFRIGÉRATION)
POUR 6 PERSONNES

1 oignon jaune, moyen (150 g), finement haché
3 tranches de bacon sans couenne (195 g), finement hachées
3 œufs
300 ml de crème entière liquide
125 ml de lait
120 g de gruyère, grossièrement râpé

PÂTE
260 g de farine tous usages
150 g de beurre froid, grossièrement haché
1 jaune d'œuf
2 cuillerées à café de jus de citron
80 ml d'eau glacée, environ

1 Préparez la pâte.
2 Préchauffez le four à 200 °C (th. 6-7).

Q+R

PEUT-ON RÉALISER LA PÂTE AU ROBOT DE CUISINE ?

Le robot de cuisine permet d'obtenir de bons résultats, mais faites attention à ne pas trop mixer la pâte pendant les différentes étapes. Mieux vaut utiliser la fonction « pulse » et mixer par à-coups, en particulier au moment de l'ajout des ingrédients liquides.

3 Abaissez la pâte entre deux feuilles de papier cuisson jusqu'à ce qu'elle soit assez large pour tapisser un moule cannelé profond à fond amovible de 23 cm de diamètre. Déposez la pâte dans le moule et appuyez doucement sur les côtés. Passez le rouleau sur les bords pour retirer l'excédent de pâte et placez le moule sur une plaque de four. Couvrez la pâte de papier cuisson et recouvrez-la de haricots secs, de riz cru ou de billes de cuisson. Faites cuire au four pendant 10 minutes puis retirez le papier et les poids. Poursuivez la cuisson pendant encore 10 minutes, ou jusqu'à ce que la pâte soit dorée ; laissez refroidir.
4 Baissez la température du four à 180 °C (th. 6).
5 Faites cuire l'oignon et le bacon dans une petite poêle chaude huilée jusqu'à ce que l'oignon soit tendre ; égouttez sur du papier absorbant et laissez refroidir. Parsemez le fond de tarte du mélange de bacon et d'oignon.
6 Fouettez les œufs dans un saladier puis incorporez la crème, le lait et le fromage.
7 Versez la préparation aux œufs sur le fond de tarte. Faites cuire au four pendant 35 minutes, ou jusqu'à ce que la garniture soit prise. Laissez reposer 5 minutes avant de démouler.

PÂTE Tamisez la farine au-dessus d'un saladier puis incorporez le beurre du bout des doigts. Ajoutez le jaune d'œuf, le jus de citron et suffisamment d'eau pour former une pâte. Pétrissez-la sur une surface légèrement farinée jusqu'à ce qu'elle soit lisse ; couvrez et placez au réfrigérateur pendant 30 minutes.

ASTUCES

POUR FAIRE UNE PÂTE, L'EAU DOIT ÊTRE GLACÉE ET LE BEURRE DOIT SORTIR DU RÉFRIGÉRATEUR. LA CLÉ DU SUCCÈS EST DE NE PAS INCORPORER ENTIÈREMENT LES PARTICULES DE GRAS DU BEURRE DANS LA PÂTE. PLUS LE GRAS EST FROID, MOINS VOUS AUREZ DE DIFFICULTÉ À RÉUSSIR VOTRE PÂTE. CERTAINS BOULANGERS PLACENT MÊME LE SALADIER ET LE ROULEAU À PÂTISSERIE AU RÉFRIGÉRATEUR POUR LES FAIRE REFROIDIR, EN PARTICULIER SI LA CUISINE EST CHAUDE.

TARTELETTES À LA MERINGUE & AU CARAMEL SALÉ

TEMPS DE PRÉPARATION + CUISSON 1 H (+ RÉFRIGÉRATION)
POUR 8 TARTELETTES

395 g de lait concentré sucré, en boîte
30 g de beurre
90 g de sirop d'érable
2 cuillerées à café de flocons de sel de mer
60 ml de crème liquide

PÂTE
150 g de farine tous usages
55 g de sucre glace
90 g de beurre coupé en morceaux
1 jaune d'œuf
1 cuillerée à soupe d'eau glacée, environ

MERINGUE
4 blancs d'œufs
220 g de sucre en poudre

1 Préparez la pâte.

2 Divisez la pâte en huit portions. Abaissez-les une par une entre des feuilles de papier cuisson pour pouvoir foncer huit moules à tartelette cannelés à fond amovible de 8 cm de diamètre. Déposez la pâte dans les moules, en appuyant sur la base et les côtés ; parez les bords. Piquez les bases avec une fourchette puis placez les moules sur une plaque de four et mettez-les au réfrigérateur pendant 20 minutes.

3 Pendant ce temps, préchauffez le four à 180 °C (th. 6).

4 Tapissez les fonds de tartelette de papier cuisson et recouvrez-les de haricots secs, de riz cru ou de billes de cuisson. Faites cuire au four pendant 10 minutes. Retirez le papier cuisson et les poids, et poursuivez la cuisson pendant 5 minutes, ou jusqu'à ce que la pâte soit dorée. Laissez refroidir.

5 Faites chauffer le lait concentré, le beurre, le sirop et le sel à feu moyen dans une petite casserole à fond épais pendant 12 minutes, ou jusqu'à ce que le mélange prenne une couleur caramel. Incorporez la crème puis déposez la garniture sur les fonds des tartelettes.

6 Préparez la meringue et répartissez-la dans les tartelettes.

7 Faites cuire les tartelettes au four pendant 5 minutes environ, ou jusqu'à ce qu'elles soient légèrement dorées.

PÂTE Mixez la farine, le sucre glace et le beurre jusqu'à l'obtention d'un mélange sableux. Ajoutez le jaune d'œuf et suffisamment d'eau, en mixant les ingrédients jusqu'à la formation d'une pâte. Pétrissez-la sur une surface farinée jusqu'à ce qu'elle soit lisse. Enveloppez-la de film plastique et placez-la au réfrigérateur pendant 30 minutes.

MERINGUE Battez les blancs d'œufs dans un petit saladier avec un batteur électrique jusqu'à la formation de pics mous. Versez progressivement le sucre, en battant jusqu'à ce qu'il soit dissous avant d'en ajouter.

DÉPOSEZ LA PÂTE DANS LES MOULES, EN APPUYANT SUR LA BASE ET LES CÔTÉS. PASSEZ LE ROULEAU À PÂTISSERIE SUR LE BORD DES MOULES POUR RETIRER L'EXCÉDENT DE PÂTE. PIQUEZ LES FONDS AVEC UNE FOURCHETTE SUR TOUTE LEUR SURFACE.

AJOUTEZ LA MERINGUE SUR LA GARNITURE AU CARAMEL PUIS FAITES CUIRE AU FOUR PENDANT 5 MINUTES ENVIRON, OU JUSQU'À CE QUE LA MERINGUE SOIT LÉGÈREMENT DORÉE.

TOURTE AUX POMMES & À LA RHUBARBE D'ANTAN

TEMPS DE PRÉPARATION + CUISSON 2 H (+ REFROIDISSEMENT & RÉFRIGÉRATION) • POUR 8 PERSONNES

5 grosses pommes (1 kg) coupées en tranches épaisses
75 g de sucre en poudre
125 ml d'eau
1 gousse de vanille, fendue
500 g de rhubarbe parée et grossièrement hachée
1 cuillerée à soupe de jus de citron
1 œuf, légèrement battu
1 cuillerée à café de sucre blanc

PÂTE AUX AMANDES
375 g de farine tous usages
60 g d'amandes en poudre
160 g de sucre glace
250 g de beurre froid, grossièrement haché
2 jaunes d'œufs
1 cuillerée à soupe d'eau glacée

1 Mélangez les pommes, le sucre en poudre, l'eau et la moitié de la gousse de vanille dans une grande casserole, couvrez et portez à ébullition. Laissez mijoter pendant 10 minutes environ, ou jusqu'à ce que les pommes soient tendres. Incorporez la rhubarbe, couvrez et laissez mijoter pendant 3 minutes environ, ou jusqu'à ce que la rhubarbe soit tendre. Égouttez bien, placez cette préparation dans un saladier, puis incorporez le jus de citron. Laissez refroidir.
2 Préparez la pâte aux amandes.
3 Préchauffez le four à 180 °C (th. 6). Graissez un moule à tarte profond de 24 cm de diamètre.
4 Abaissez deux tiers de la pâte entre des feuilles de papier cuisson pour pouvoir en foncer le moule à tarte. Déposez la pâte dans le moule, appuyez sur la base et les côtés et parez les bords. Placez le moule au réfrigérateur pendant 30 minutes.
5 Tapissez le fond de tarte de papier cuisson et recouvrez-le de haricots secs, de riz cru ou de billes de cuisson. Placez le moule sur une plaque de four et faites cuire la pâte pendant 15 minutes. Retirez le papier cuisson et les poids et poursuivez la cuisson pendant 15 minutes environ, ou jusqu'à ce que la pâte soit dorée. Laissez refroidir.
6 Répartissez la préparation aux pommes et à la rhubarbe sur le fond de tarte. Abaissez le reste de pâte entre des feuilles de papier cuisson jusqu'à ce qu'il soit assez large pour recouvrir le moule à tarte. Badigeonnez d'œuf les bords de la pâte puis déposez-la sur le moule, pincez les bords et retirez l'excédent de pâte. Découpez un cercle de 2,5 cm au centre de la pâte. Badigeonnez la pâte d'œuf et saupoudrez-la de sucre blanc. Faites cuire au four pendant 35 minutes, ou jusqu'à ce qu'elle soit dorée. Laissez reposer 10 minutes avant de servir.

PÂTE AUX AMANDES Raclez les graines de la moitié de la gousse de vanille restante. Mixez la farine, les amandes en poudre, le sucre glace et le beurre jusqu'à l'obtention d'un mélange sableux. Ajoutez les jaunes d'œufs, les graines de vanille et suffisamment d'eau pour former une pâte. Pétrissez-la sur une surface farinée jusqu'à ce qu'elle soit lisse, puis enveloppez-la dans du film plastique et placez-la au réfrigérateur pendant 30 minutes.

SUGGESTION D'ACCOMPAGNEMENT
Servez la tourte avec de la crème fraîche, de la glace ou de la crème anglaise.

TRIANGLES DE FILO AU FROMAGE

TEMPS DE PRÉPARATION + CUISSON 30 MIN • POUR 15 TRIANGLES

200 g de cottage cheese
100 g de feta
1 œuf
2 cuillerées à soupe d'origan frais, finement haché
2 cuillerées à soupe de persil plat frais, finement haché
15 feuilles de pâte filo
60 ml d'huile d'olive
poivre

1 Préchauffez le four à 220 °C (th. 7-8). Huilez deux plaques de four et tapissez-les de papier cuisson.

2 Mélangez le cottage cheese, la feta, l'œuf et les herbes dans un saladier, et poivrez.

3 Placez 1 feuille de pâte sur un plan de travail ou une surface plane. Recouvrez-la de deux autres feuilles de pâte badigeonnées d'huile puis coupez les feuilles superposées en 3 bandes dans la longueur. Déposez 1 cuillerée à soupe rase du mélange au fromage à l'extrémité d'une bande de pâte. Pliez un coin de la pâte en diagonale pour recouvrir la garniture et former un triangle. Continuez à plier la bande de manière à obtenir un triangle à la fin. Répétez l'opération pour obtenir 15 triangles.

4 Disposez les triangles sur des plaques de four, côté lisse vers le haut, et badigeonnez-les d'huile. Faites cuire les triangles au four pendant 15 minutes environ, ou jusqu'à ce qu'ils soient légèrement dorés.

ASTUCE

PENDANT QUE VOUS FORMEZ LES TRIANGLES, COUVREZ LE RESTE DES FEUILLES DE PÂTE FILO DE PAPIER CUISSON ET D'UN TORCHON HUMIDE POUR ÉVITER QU'ELLES NE SÈCHENT.

1 TSP
1 TBSP

15.

biscuits & carrés

Confectionner des biscuits maison n'est pas difficile, et vous n'aurez pas à patienter longtemps avant de les déguster car ils cuisent et refroidissent rapidement. Il faut compter un peu plus de temps pour les carrés parce qu'ils sont réalisés dans un moule peu profond. Ils se conservent cependant mieux, à température ambiante, en particulier s'ils n'ont pas encore été coupés. Suivez nos conseils, et, bientôt, vous préparerez des biscuits et des carrés pour toute votre famille et vos amis.

BISCUITS & CARRÉS

Biscuits

Même les meilleurs biscuits du commerce ne peuvent rivaliser avec le goût des biscuits maison confectionnés avec des ingrédients de première qualité. Des cookies aux pépites de chocolat et aux langues-de-chat, des biscottis croquants italiens aux sablés, vous pouvez réaliser une multitude de biscuits ; la seule limite est votre imagination. Quels que soient ceux que vous décidez de faire, faites attention à ne pas trop battre le beurre et le sucre ; ils doivent être tout juste mélangés, mais la préparation doit être encore ferme. Si vous la travaillez trop, elle sera trop souple et les biscuits risquent de s'étaler dans le four.

Carrés

À mi-chemin entre gâteaux et tartes, les carrés font de délicieux desserts et accompagnent parfaitement une tasse de thé ou de café. Ils peuvent être composés d'une seule préparation, ou bien d'une base (biscuit ou pâte) et d'une garniture. On peut les préparer un jour environ à l'avance et les conserver au réfrigérateur ou dans une boîte hermétique. Certains carrés se congèlent aussi très bien.

4 ÉTAPES POUR COUPER DES CARRÉS

NATURE OU GARNIS, LES CARRÉS SONT TOUJOURS DÉLICIEUX. VOICI COMMENT FAIRE POUR LES COUPER DE FAÇON NETTE ET RÉGULIÈRE.

1

Pour couper des carrés nappés de chocolat ou fourrés d'une garniture crémeuse, passez un couteau tranchant sous l'eau chaude pour le chauffer puis séchez-le. Vous obtiendrez ainsi des tranches plus nettes.

2

Commencez par passer le couteau au centre du côté le plus grand puis coupez chaque moitié en bandes de taille égale.

3

Faites tourner le moule d'un quart de tour, passez le couteau au centre du côté le plus petit et coupez les bandes en carrés ou en rectangles de taille égale. Servez-vous d'une règle si c'est nécessaire. Retirez les miettes avec un pinceau à pâtisserie.

4

Découpez des carrés au fur et à mesure que vous en avez besoin afin d'exposer le moins de surface possible à l'air et d'éviter que vos carrés ne sèchent.

COMMENT LES CONSERVER

Laissez refroidir les biscuits avant de les conserver – si vous les rangez alors qu'ils sont encore chauds, ils deviendront mous. Placez-les dans une boîte hermétique en laissant le moins d'espace possible entre eux. Les biscuits avec des garnitures doivent être conservés avant d'être fourrés et assemblés juste avant d'être servis. S'ils ont été cuits avec la garniture, mieux vaut les déguster le jour même de leur confection.

MOULES

Il est important d'utiliser des moules adaptés pour réaliser des biscuits. Avec leurs bords peu élevés, les plaques de four ou les plaques à pâtisserie en aluminium laissent bien circuler la chaleur et permettent aux biscuits de dorer. Pour les carrés, on utilise généralement des moules rectangulaires peu profonds.

Q+R

COMMENT RÉUSSIR UN BROWNIE MOELLEUX ET FONDANT À TOUS LES COUPS ?

C'est généralement une question de durée de cuisson. Quand vous préparez des brownies, réduisez le temps de cuisson de 5 minutes et surveillez la fin de la cuisson jusqu'à ce que vous obteniez la consistance souhaitée. Si votre recette préconise l'emploi de sucre blanc, utilisez du sucre cristallisé plutôt que du sucre en poudre. Si vous devez battre le beurre, le sucre et les œufs comme dans une recette de gâteau, respectez les proportions des ingrédients mais utilisez une autre méthode : faites fondre le beurre et le chocolat, puis incorporez les autres ingrédients.
Votre brownie sera ainsi plus lourd et plus fondant. Et n'oubliez pas d'utiliser un chocolat de bonne qualité.

ASTUCE

LES CARRÉS ET LES BASES DE CARRÉS FOURRÉS SONT GÉNÉRALEMENT UN PEU MOUS À LA SORTIE DU FOUR. ILS S'AFFERMISSENT EN REFROIDISSANT.

REMÉDIER AUX PROBLÈMES

PROBLÈME	CAUSES POSSIBLES
LES BISCUITS SONT TROP DURS.	Les ingrédients n'ont pas été correctement mesurés, ou les biscuits ont été cuits à température trop élevée ou trop longtemps.
LES BISCUITS SONT TROP MOUS.	Les ingrédients n'ont pas été correctement mesurés, ou les biscuits ont été cuits à température trop basse ou pas assez longtemps. Les biscuits peuvent devenir mous si on ne les laisse pas refroidir selon les instructions de la recette ou si on les empile pendant qu'ils refroidissent car la chaleur humide qui en émane ne peut être évacuée.
LES BISCUITS S'ÉTALENT TROP EN CUISANT.	La pâte était trop souple car le beurre et le sucre (et les œufs dans certains cas) ont été battus trop longtemps. Les ingrédients n'ont pas été correctement mesurés. Une trop grande quantité d'agent levant ou un mauvais type de farine a été employé. Le four n'était pas assez chaud pour cuire les biscuits rapidement.
LE DESSOUS DES BISCUITS EST TROP FONCÉ.	Les plaques ont été trop graissées, et la graisse a brûlé puis a brûlé les biscuits. Le four était sur la mauvaise position et/ou la température n'était pas la bonne. Les ingrédients sucrés ont été mal mesurés.

COOKIES AU CHOCOLAT & À LA NOIX DE COCO

TEMPS DE PRÉPARATION + CUISSON 40 MIN • POUR 25 COOKIES

125 g de beurre ramolli
165 g de sucre roux
1 œuf
160 g de farine de blé complète avec levure incorporée
80 g de noix de coco râpée
35 g de chocolat en poudre
85 g de pépites de chocolat au lait

1 Préchauffez le four à 180 °C (th. 6). Tapissez trois plaques de four de papier cuisson.
2 Battez le beurre, le sucre et l'œuf dans un petit saladier avec un batteur électrique jusqu'à ce que le mélange pâlisse et soit aéré. Incorporez la farine, la noix de coco, le chocolat en poudre et les pépites de chocolat.
3 Façonnez des boulettes avec des cuillerées à soupe rases de pâte. Disposez-les sur les plaques tous les 5 cm environ, en les aplatissant légèrement. Faites cuire au four pendant 15 minutes environ et laissez refroidir sur les plaques.

Q+R

COMMENT SAVOIR SI DES BISCUITS SONT CUITS ?

Les biscuits sont généralement mous au toucher à la sortie du four et deviennent plus fermes en refroidissant. Pour savoir s'ils sont cuits, poussez doucement l'un d'eux sur la plaque avec votre pouce ; s'il bouge facilement, vos biscuits sont cuits. C'est un test qui fonctionne avec la plupart des biscuits.

ASTUCE

LES COOKIES SE CONSERVENT JUSQU'À 1 SEMAINE DANS UNE BOÎTE HERMÉTIQUE OU JUSQU'À 3 MOIS AU CONGÉLATEUR.

CARRÉS AUX MYRTILLES & À LA NOIX DE COCO

TEMPS DE PRÉPARATION + CUISSON 1 H • POUR 32 CARRÉS

90 g de beurre doux, ramolli
110 g de sucre en poudre
1 œuf
100 g de farine tous usages
35 g de farine avec levure incorporée
1 cuillerée à soupe de préparation pour crème pâtissière
160 g de confiture de myrtilles

GARNITURE À LA NOIX DE COCO
2 blancs d'œufs, légèrement battus
190 g de noix de coco râpée
55 g de sucre en poudre

1 Préchauffez le four à 180 °C (th. 6). Graissez un moule rectangulaire de 20 x 30 cm, puis tapissez la base et les côtés longs de papier cuisson, en le laissant dépasser de 5 cm sur les côtés.
2 Battez le beurre, le sucre et l'œuf dans un petit saladier avec un batteur électrique jusqu'à ce que les ingrédients soient mélangés ; incorporez les farines et la préparation pour crème pâtissière, tamisées. Répartissez la pâte dans le moule et recouvrez-la de confiture.
3 Préparez la garniture à la noix de coco et ajoutez-la sur la confiture.
4 Faites cuire au four pendant 40 minutes environ. Laissez refroidir dans le moule avant de détailler en carrés.

GARNITURE À LA NOIX DE COCO
Mélangez les ingrédients dans un saladier.

ASTUCES

LES CARRÉS SE CONSERVENT DANS UNE BOÎTE HERMÉTIQUE JUSQU'À UNE SEMAINE. POUR VARIER LES PLAISIRS, UTILISEZ DE LA CONFITURE DE CERISES, DE FRAMBOISES OU DE FRAISES.

16.

scones & muffins

Après le succès remporté par les cupcakes, les scones et les muffins ont commencé à conquérir la France, mais beaucoup de gens hésitent à faire des scones après avoir connu un ou deux échecs et obtenu des tas de pâte durs. Ce n'est pourtant pas si difficile : il faut réaliser une pâte souple et collante, la manipuler délicatement et faire cuire les scones au four rapidement. Les muffins sont tout aussi simples et rapides à préparer ; la clé du succès est de ne pas trop travailler la pâte. Peu importe si la farine est encore visible, une pâte trop travaillée est pire que tout.

SCONES

Scones & petits pains

PAS DE BATTEUR, PAS DE COMPLEXITÉ – SIMPLES ET RAPIDES À PRÉPARER, LES SCONES ET LES PETITS PAINS ONT LEUR PLACE DANS LE RÉPERTOIRE DU CUISINIER AMATEUR. POUR RÉSUMER, IL S'AGIT D'UNE PÂTE À BASE DE FARINE, DE LEVURE ET DE LIQUIDE (GÉNÉRALEMENT DU LAIT), DANS LAQUELLE ON PEUT AJOUTER DU SEL, DU SUCRE, DU BEURRE ET D'AUTRES ASSAISONNEMENTS COMME DES HERBES, DU FROMAGE, DU JAMBON, DU BACON, DES FRUITS SECS… ET MÊME DU POTIRON. VOUS POUVEZ AUSSI EMPLOYER D'AUTRES LIQUIDES COMME DU LAIT FERMENTÉ, DE LA CRÈME AIGRE OU DU YAOURT DILUÉ.

Pour faire des petits pains, on façonne la pâte en forme de pains ronds, on fait une incision en forme de croix sur le dessus pour permettre à la pâte de lever et de s'étendre, puis on la saupoudre légèrement de farine. Quand les pâtons ont gonflé, on les fait généralement cuire au four, mais on peut aussi les envelopper de papier d'aluminium et les placer sur les charbons d'un barbecue.

Q+R

FAUT-IL GLACER LES SCONES AVANT DE LES FAIRE CUIRE AU FOUR ?

Ce n'est pas indispensable, mais vos scones seront joliment colorés. Glacez-les avec un pinceau à pâtisserie plongé dans : de l'eau (pour une couleur légèrement dorée), de l'œuf battu (pour une couleur dorée plus foncée) ou du lait (pour une couleur intermédiaire). À défaut d'un pinceau à pâtisserie, utilisez vos doigts et appliquez doucement le liquide à la surface des scones.

?

Le saviez-vous ?

APRÈS AVOIR DÉMOULÉ LES SCONES SUR UNE GRILLE MÉTALLIQUE POUR LES LAISSER REFROIDIR, ENVELOPPEZ-LES DANS UN TORCHON SI VOUS LES AIMEZ AVEC UNE CROÛTE SOUPLE, MAIS NE LES COUVREZ PAS SI VOUS LES PRÉFÉREZ CROUSTILLANTS.

POUR DONNER LEUR FORME AUX SCONES, ON COUPE LA PÂTE ÉTALÉE OU ABAISSÉE AVEC UN COUTEAU OU BIEN UN EMPORTE-PIÈCE TRANCHANT. ILS PEUVENT ÊTRE NATURE (DÉLICIEUX SERVIS AVEC DE LA CONFITURE ET DE LA CRÈME FOUETTÉE), SUCRÉS OU SALÉS.

Le saviez-vous ?

LES SCONES SE CONGÈLENT AUSSI BIEN CRUS QUE CUITS.

CONGELER DES SCONES

Scones crus

Congelez les scones crus et non glacés dans le moule ou sur la plaque de four. Une fois qu'ils sont congelés, mettez-les dans des sacs de congélation en enlevant autant d'air que possible et fermez-les hermétiquement. Vous pouvez les garder au congélateur jusqu'à 2 mois. Pour les faire cuire au four, sortez-les du congélateur, placez-les sur une plaque de four, glacez-les puis enfournez-les dans un four chaud pendant 20 minutes.

Scones cuits

Placez les scones froids dans un sac de congélation et congelez-les en suivant les instructions ci-dessus. Pour les réchauffer, sortez les scones congelés du sac, enveloppez-les de papier d'aluminium et réchauffez-les dans un four à température moyenne pendant 10 minutes environ pour un seul scone, et 15 minutes pour une fournée.

Á FAIRE & Á NE PAS FAIRE

À FAIRE

- Vous devez obtenir une pâte souple et collante qui garde tout juste sa forme quand vous la sortez du saladier.
- Placez les scones dans des moules à gâteau peu profonds légèrement graissés de façon qu'ils se touchent très légèrement. Ainsi, ils se soutiendront mutuellement en gonflant et les parois du moule empêcheront les scones placés sur l'extérieur de tomber. Si vous voulez des scones croustillants, espacez-les d'environ 1 cm sur une plaque de four, légèrement graissée là où vous placerez les scones.
- Manipulez la pâte délicatement et étalez-la sur environ 2 cm d'épaisseur avec des mains légèrement farinées, en appuyant du centre vers l'extérieur.
- Pour découper la pâte, utilisez un emporte-pièce tranchant (pour des scones ronds) ou un couteau (pour des scones carrés), préalablement plongé dans de la farine.
- Faites cuire les scones dans un four très chaud pour qu'ils montent légèrement et que leur texture soit légère et aérée. Les scones doivent doubler de hauteur pendant la cuisson.
- Placez les scones sur une grille métallique dès leur sortie du four pour éviter qu'ils ne ramollissent à cause de la chaleur qui condense dans le moule.

À NE PAS FAIRE

- Ne manipulez pas trop la pâte et n'utilisez pas trop de farine pour ne pas perturber l'équilibre des ingrédients.
- N'utilisez pas de verre pour couper les scones car il compresserait la pâte et vous risqueriez d'être déçu en constatant que vos scones ne gonflent pas comme vous l'espériez.

Q+R

PUIS-JE UTILISER DE LA FARINE DE BLÉ COMPLÈTE ?

Les scones réalisés exclusivement avec de la farine de blé complète ont tendance à être lourds. Vous pouvez cependant faire moitié-moitié avec de la farine de blé complète et de la farine de blé blanche, en augmentant un peu la quantité de liquide indiquée dans la recette car la farine de blé complète l'absorbera davantage.

SCONES CLASSIQUES

TEMPS DE PRÉPARATION + CUISSON 45 MIN • POUR 35 SCONES

600 g de farine avec levure incorporée
2 cuillerées à soupe de sucre glace
60 g de beurre, grossièrement coupé
375 ml de lait
180 ml d'eau, environ
un peu de lait, en supplément

1 Préchauffez le four à 220 °C (th. 7-8). Graissez un moule à brownies de 20 x 30 cm.
2 Tamisez la farine et le sucre glace au-dessus d'un grand saladier, et incorporez le beurre du bout des doigts.
3 Creusez un puits au centre du mélange, ajoutez le lait et presque toute l'eau. Passez un couteau dans le mélange pour y faire pénétrer le lait et l'eau, en mélangeant jusqu'à l'obtention d'une pâte souple et collante. Pétrissez-la sur une surface farinée jusqu'à ce qu'elle soit lisse.
4 Abaissez la pâte sur 2 cm d'épaisseur. Plongez un emporte-pièce rond de 4,5 cm dans la farine et découpez autant de ronds que possible dans la pâte. Disposez les scones côte à côte dans le moule de façon qu'ils se touchent à peine.
5 Rassemblez délicatement les restes de pâte, pétrissez-les et abaissez la pâte. Coupez des scones dans la pâte comme ci-dessus, et placez-les dans le moule. Badigeonnez le dessus avec un peu de lait en supplément.
6 Faites cuire les scones au four pendant 15 minutes environ, ou jusqu'à ce qu'ils soient juste dorés. Ils doivent sonner creux quand vous tapotez fermement dessus avec le doigt. Servez-les avec de la confiture et de la crème.

AJOUTEZ LE LAIT ET L'EAU DANS LE SALADIER ET PASSEZ UN COUTEAU À LAME LISSE DANS LA FARINE, EN MÉLANGEANT JUSQU'À L'OBTENTION D'UNE PÂTE SOUPLE ET COLLANTE.

BADIGEONNEZ LE DESSUS DES SCONES AVEC DU LAIT EN SUPPLÉMENT. LES SCONES DOIVENT ÊTRE CÔTE À CÔTE DANS LE MOULE ET SE TOUCHER À PEINE.

ASTUCE

AU LIEU D'UTILISER UN EMPORTE-PIÈCE ROND, COUPEZ LA PÂTE EN CARRÉS À L'AIDE D'UN COUTEAU TRANCHANT FARINÉ.

MUFFINS

?

Le saviez-vous ?

LES MUFFINS SUCRÉS SONT ORIGINAIRES DES ÉTATS-UNIS. À L'ORIGINE, ILS RESSEMBLAIENT PLUS À DES SCONES BOSSELÉS ET TRÈS SUCRÉS QU'À DES CUPCAKES.
LES MUFFINS SONT DEUX OU TROIS FOIS PLUS GRANDS QUE LEURS ANCÊTRES, ET LEUR TEXTURE EST DEVENUE BEAUCOUP PLUS PROCHE DE CELLE D'UN GÂTEAU.

ASTUCE

Les muffins sont meilleurs lorsqu'on les déguste le jour de leur confection, idéalement chauds à la sortie du four. On peut les conserver dans une boîte hermétique pendant 2 jours et au congélateur jusqu'à 2 mois.

Muffins

QU'ILS SOIENT SUCRÉS OU SALÉS, LES MUFFINS SONT RAPIDES ET FACILES À RÉALISER. VOUS N'AUREZ GÉNÉRALEMENT BESOIN QUE D'UN SALADIER POUR LES PRÉPARER (POUR MÉLANGER LES INGRÉDIENTS). ATTENTION À NE PAS TROP MÉLANGER LA PÂTE, SINON VOUS OBTIENDREZ DES MUFFINS DURS ET LOURDS. PASSEZ UNE GRANDE CUILLÈRE OU UNE FOURCHETTE EN MÉTAL DANS LES INGRÉDIENTS AVEC UN GESTE TRANCHANT, QUELQUES FOIS SEULEMENT SI POSSIBLE, ET ARRÊTEZ QUAND LES INGRÉDIENTS SECS SONT JUSTE HUMIDIFIÉS – LA PRÉPARATION DOIT AVOIR ENCORE UNE TEXTURE GROSSIÈRE ET CONTENIR DES GRUMEAUX.

Q+R

PUIS-JE FAIRE CUIRE MES MUFFINS DANS DES CAISSETTES EN PAPIER ?

Oui, mais sachez qu'ils ne seront pas recouverts d'une croûte comme c'est le cas lorsqu'ils cuisent dans un moule à muffins. Les muffins cuits dans des caissettes sont un peu plus moelleux et humides avec une consistance plus proche de celle d'un gâteau.

ASTUCE

Les muffins sont cuits une fois qu'ils sont gonflés, dorés, fermes au toucher et commencent à se rétracter. Démoulez-les sur une grille métallique pour les laisser refroidir.

Muffins & gâteaux

LA PLUPART DES RECETTES DE MUFFINS PEUVENT ÊTRE TRANSFORMÉES EN GÂTEAUX. LES MUFFINS À L'AMÉRICAINE CONTIENNENT GÉNÉRALEMENT PEU DE MATIÈRE GRASSE ET BEAUCOUP DE SUCRE, CE QUI EST PARFAIT POUR RÉALISER UN CAKE SUCRÉ. REMPLISSEZ UN MOULE À CAKE BIEN GRAISSÉ AUX TROIS QUARTS AVEC LA PÂTE À MUFFINS. FAITES CUIRE AU FOUR À 180 °C (TH. 6) PENDANT ENVIRON 1 H 15 ET LAISSEZ REFROIDIR LE CAKE DANS DU PAPIER D'ALUMINIUM POUR RAMOLLIR LA CROÛTE.

Q+R

PUIS-JE FAIRE DES MUFFINS AVEC UN ROBOT ?

Non : vous obtiendriez des muffins durs, caoutchouteux et trop petits. Les robots de cuisine, mixeurs et blenders travaillent trop le gluten dans la farine. La seule méthode qui vaille pour les muffins est la méthode traditionnelle : mélanger à la main.

Q+R

LES MOULES À MUFFIN EXISTENT EN DIFFÉRENTES TAILLES, DES MINI AUX MAXI. QUELLE QUANTITÉ DE PÂTE FAUT-IL VERSER DANS CHAQUE ALVÉOLE ?

Remplissez chaque alvéole aux deux tiers ou aux trois quarts. Les mini muffins gonflent davantage que les maxi muffins car la pâte est forcée de lever davantage quand elle est dans un petit espace.

ASTUCES

Avant d'ajouter les ingrédients liquides dans les ingrédients secs, mélangez-les dans un récipient puis versez-les dans un puits creusé au centre des ingrédients secs.

LES MUFFINS PRÉPARÉS AU BATTEUR – LE BEURRE, LE SUCRE ET LES ŒUFS SONT BATTUS AVEC UN BATTEUR ÉLECTRIQUE – ONT UNE TEXTURE QUI RESSEMBLE PLUS À CELLE D'UN GÂTEAU AU BEURRE QU'À CELLE D'UN MUFFIN TRADITIONNEL À LA CONSISTANCE GROSSIÈRE.

Les moules à muffin doivent être légèrement graissés avec un pinceau à pâtisserie plongé dans du beurre, ou bien vaporisés d'une couche uniforme d'huile de cuisson.

DÉMOULEZ LES MUFFINS SUR UNE GRILLE MÉTALLIQUE DÈS LEUR SORTIE DU FOUR POUR ÉVITER QU'ILS NE RAMOLLISSENT À CAUSE DE LA CHALEUR QUI CONDENSE DANS LE MOULE.

Si vos muffins sont fourrés de crème pâtissière, de caramel ou de confiture, laissez-les reposer dans les moules pendant quelques minutes avant de les démouler.

Congélation

Pour congeler les muffins, placez-les dans un sac de congélation en faisant sortir le plus possible d'air, ou bien enveloppez-les individuellement dans du film plastique ou du papier d'aluminium en serrant bien.

DÉCONGÉLATION AU FOUR

Placez les muffins enveloppés de papier d'aluminium sur une plaque de four sans les superposer, et enfournez à 180 °C (th. 6) pendant 20 minutes, ou jusqu'à ce qu'ils soient chauds.

DÉCONGÉLATION AU MICRO-ONDES

Réchauffez les muffins enveloppés de film plastique un par un en position « décongélation », moyenne-basse ou à 30 % de puissance, selon votre micro-ondes. Laissez chaque muffin environ 45 secondes au micro-ondes. Les muffins décongelés ne doivent pas être chauds au toucher.

LE STREUSEL EST UNE GARNITURE POPULAIRE QUE L'ON AJOUTE SUR DES DESSERTS AVANT DE LES PASSER AU FOUR. C'EST UN MOT ALLEMAND QUI DÉSIGNE QUELQUE CHOSE QU'ON SAUPOUDRE OU QU'ON PARSÈME.

LE STREUSEL EST COMPOSÉ DE FARINE, DE SUCRE ET DE BEURRE, ET PARFOIS AROMATISÉ D'ÉPICES OU DE FRUITS À COQUE HACHÉS.

MUFFINS AUX POMMES & STREUSEL

TEMPS DE PRÉPARATION + CUISSON 40 MIN (+ DÉCONGÉLATION)
POUR 12 MUFFINS

40 g de beurre doux
3 grosses pommes (600 g) épluchées et détaillées en morceaux de 1 cm
75 g de sucre roux
300 g de farine avec levure incorporée
1 cuillerée à café de mélange de cannelle, muscade et poivre de la Jamaïque
150 g de sucre en poudre
80 g de beurre doux, fondu, en supplément
180 ml de lait fermenté
1 œuf

STREUSEL
50 g de farine avec levure incorporée
50 g de farine tous usages
75 g de sucre roux
½ cuillerée à café de cannelle moulue
80 g de beurre doux, froid, haché

1 Préparez le streusel.

2 Pendant ce temps, mettez le beurre à fondre dans une grande poêle et faites cuire les pommes en remuant pendant 5 minutes environ, ou jusqu'à ce qu'elles soient légèrement dorées. Ajoutez le sucre roux et faites cuire en remuant pendant 5 minutes environ, ou jusqu'à ce que la préparation épaississe. Laissez refroidir.

3 Préchauffez le four à 200 °C (th. 6-7). Tapissez de caissettes en papier un moule à muffins de 12 alvéoles.

4 Tamisez la farine, les épices et le sucre au-dessus d'un grand saladier. Incorporez le beurre en supplément, le lait fermenté et l'œuf, préalablement mélangés. Ne mélangez pas trop ; la pâte doit encore contenir des grumeaux. Incorporez la moitié de la préparation aux pommes.

5 Répartissez la pâte à muffins dans les caissettes en papier et recouvrez du reste de préparation aux pommes. Râpez grossièrement le streusel par-dessus.

6 Faites cuire les muffins au four pendant 20 minutes environ. Laissez-les reposer dans le moule pendant 5 minutes avant de les démouler à l'endroit sur une grille métallique pour les laisser refroidir.

STREUSEL Mixez les farines, le sucre, la cannelle et le beurre jusqu'à ce que les ingrédients soient mélangés. Façonnez la pâte en boule, enveloppez-la de film plastique et placez-la au congélateur pendant 20 minutes environ, ou jusqu'à ce qu'elle soit ferme.

ASTUCE

LES MUFFINS SE CONSERVENT JUSQU'À 2 JOURS DANS UNE BOÎTE HERMÉTIQUE.

GLOSSAIRE

AMANDES Fruits à coque plats, à bout pointu avec une coque brune à la surface irrégulière renfermant une graine blanc crème.
effilées Amandes coupées en tranches très fines.
émondées Amandes débarrassées de leur peau brune.
en poudre Amandes moulues jusqu'à l'obtention d'une texture proche de celle d'une farine grossière.

CHOCOLAT
chocolat au lait Chocolat doux et très sucré, le plus consommé ; il est similaire au chocolat noir, à la différence qu'il contient du lait.
chocolat blanc Ne contient pas de cacao ; sa saveur sucrée provient du beurre de cacao. Il est très sensible à la chaleur.
chocolat noir Il contient au moins 35 % de cacao. À moins que cela ne soit précisé autrement, nous utilisons du chocolat noir pour les recettes de ce livre car il se prête bien à la confection de desserts et de gâteaux.
pépites Petites pastilles de chocolat noir, au lait ou blanc, idéales pour être fondues.

CRÈME
crème aigre Crème épaisse au goût un peu acide, obtenue par fermentation bactérienne.
crème fraîche épaisse Crème pasteurisée à laquelle on a ajouté des ferments lactiques.
crème fraîche légère Crème contenant entre 12 et 15 % de matière grasse.
crème fraîche liquide Également appelée crème fleurette. Elle doit contenir au moins 30 % de matière grasse lorsqu'elle est entière. C'est la crème dont on se sert pour obtenir de la crème fouettée.
crème de tartre Élément acide de la levure chimique ; en confiserie, elle empêche le sucre de cristalliser. Elle permet aussi aux glaçages de rester crémeux, et de donner plus de volume aux blancs d'œufs battus.

FARINE
farine avec levure incorporée Farine de blé blanche ou complète contenant de la levure et du sel ; vous pouvez la préparer vous-même avec 2 cuillerées à café de levure chimique pour 150 g de farine.
farine de blé complète Issue de la mouture des grains de blé avec le germe et le son, elle est plus riche en fibres et plus nutritive que la farine de blé blanche.
farine de riz Farine sans gluten à la texture très fine, à base de riz blanc moulu.
farine tous usages La farine de blé blanche est la plus adaptée pour la pâtisserie ; sa teneur en gluten permet d'obtenir une pâte qui se tient, à la texture légère.

FÉCULE DE MAÏS Utilisée comme agent liant et épaississant.

FEUILLES DE LAURIER Feuilles aromatiques d'un arbuste, vendues fraîches ou séchées ; elles ajoutent une saveur forte avec une note poivrée aux plats.

FROMAGE
chèvre Fromage à base de lait de chèvre, qui possède un goût très prononcé. On le trouve frais ou affiné, en différentes formes et tailles, et parfois enrobé de cendres ou d'herbes aromatiques.
feta Fromage grec au lait de chèvre ou de brebis, à la texture friable et au goût fort et salé, affiné et conservé dans une saumure salée. Il s'intègre très bien dans les salades, coupé en dés.
gruyère Fromage à pâte pressée cuite au lait de vache avec un goût de noisette et légèrement salé. Contrairement au gruyère suisse, le gruyère français présente des trous. Beaucoup de soufflés comportent du gruyère.
halloumi Fromage chypriote de couleur crème, à la texture semi-ferme et spongieuse. Affiné et conservé en saumure, il possède un goût salé. Il ne fond pas à la cuisson et est donc souvent grillé ou frit. Dégustez-le tant qu'il est chaud car il durcit en refroidissant.
mascarpone Fromage frais italien, à la texture riche et crémeuse, dont la fabrication est similaire à celle du yaourt. De couleur blanche à crème, il possède une texture onctueuse et s'étale facilement ; il entre dans la composition de desserts et est souvent servi avec des fruits frais.
parmesan Ou « parmigiano reggiano ». Fromage au lait de vache originaire de la région de Parme, à la texture dure et granuleuse. Le caillé est salé en saumure pendant 1 mois avant d'être affiné jusqu'à 2 ans dans des conditions humides.
ricotta Fromage frais blanc au lait de vache, à la saveur douce, qui possède une texture humide et légèrement granuleuse et une faible teneur en matière grasse. Son nom signifie « recuit » car il est fabriqué à partir du petit-lait issu de la fabrication d'autres fromages, et donc cuit une seconde fois.

HUILES
d'arachide Huile obtenue par pression de cacahuètes moulues ; c'est l'huile la plus répandue dans la cuisine asiatique en raison de son point de fumée élevé (capacité à résister à de hautes températures sans brûler).
de cuisson à vaporiser Selon vos préférences, prenez de l'huile d'arachide, qui supporte très bien la chaleur, de colza (pour les cuissons douces), de tournesol (pour les fritures douces) ou d'olive (pour les cuissons jusqu'à 180 °C).
d'olive Fabriquée à partir d'olives à maturité. Les huiles vierges extra et vierges, issues respectivement de la première et de la deuxième pression, sont celles de meilleure qualité.
de sésame Huile extraite des graines de sésame blanc, grillées et broyées ; on l'utilise pour assaisonner plutôt qu'en huile de cuisson.
végétale Huile issue de produits végétaux et non de graisses animales.

LABNÉ Yaourt épais, égoutté, à la consistance de crème aigre épaisse et au goût légèrement acide. On en trouve dans les épiceries moyen-orientales. Pour le faire vous-même, égouttez du yaourt épais à la grecque dans un tamis tapissé de mousseline placé au-dessus d'un saladier, et placez au réfrigérateur pendant la nuit.

LEVURE CHIMIQUE Agent levant constitué principalement de deux volumes de crème de tartre pour un volume de bicarbonate de soude.

MOUSSELINE Tissu de coton bon marché très fin et non teint dont on se sert pour tamiser des bouillons et des sauces, entourer un bouquet garni... On en trouve dans les magasins d'ustensiles de cuisine.

NOIX DE CAJOU Fruit à coque de couleur brune contenant une amande claire en forme de croissant, au goût riche. Du fait de leur haute teneur en matière grasse (environ 48 %), les noix de cajou doivent être conservées dans un récipient hermétique au réfrigérateur pour éviter qu'elles ne rancissent. Sauf indication contraire, nous utilisons des noix de cajou grillées, non salées, dans les recettes ; on les trouve dans les magasins bio et la plupart des supermarchés. Leur saveur intense est rehaussée quand on les fait griller.

NOIX DE COCO

arôme Liquide obtenu synthétiquement à partir d'arômes, d'huile et d'alcool.

copeaux Fins morceaux de pulpe de noix de coco séchée, sans sucre ajouté.

crème Liquide issu de la première pression de la pulpe de la noix de coco mature, sans addition d'eau. Elle est vendue en conserve ou en briquette dans la plupart des supermarchés.

lait Liquide issu de la deuxième pression de la pulpe de la noix de coco, à ne pas confondre avec l'eau de coco, le liquide contenu à l'intérieur du fruit. On peut l'acheter en conserve ou en briquette dans la plupart des supermarchés.

râpée Pulpe de noix de coco séchée puis finement râpée, à la saveur concentrée, sans sucre ajouté.

NOIX DE MACADAMIA Fruit à coque originaire d'Australie, assez gros, riche et légèrement tendre. On s'en sert pour faire de l'huile et du beurre de macadamia. Les noix de macadamia sont aussi très bonnes dans des salades ou des pâtisseries, ou dégustées seules. Conservez-les toujours au réfrigérateur car elles rancissent rapidement du fait de leur teneur élevée en matière grasse.

PIMENTS Enfilez des gants en caoutchouc pour épépiner et hacher des piments frais afin de ne pas vous brûler la peau. Nous utilisons des piments non épépinés dans les recettes car c'est essentiellement de là que provient leur intensité. Si vous n'aimez pas les plats trop pimentés, utilisez moins de piments plutôt que de les épépiner tous.

flocons Piments rouges séchés, détaillés en tranches extrêmement fines, avec les graines entières.

jalapeño Piment vert foncé charnu assez fort, de taille moyenne. On le trouve en conserve, en bocal, ou frais.

rouge long Disponible frais ou séché ; terme générique désignant les piments fins et longs (d'environ 6 cm), d'intensité moyenne.

serrano Tout petit piment frais de couleur rouge vif, extrêmement fort.

vert Piment pas mûr. Certaines variétés sont cependant vertes à maturité, comme le jalapeño, le habanero, le poblano ou le serrano.

PISTACHES Fruits verts à coque, à la saveur délicate, enveloppés d'une coque blanchâtre. On peut les acheter salées ou non salées, entières ou décortiquées.

POUSSES DE HARICOT MUNGO Également connues sous le nom de pousses de soja. Germes tendres du haricot mungo, consommés crus ou cuits.

SAUCES

nuoc-mâm Sauce vietnamienne obtenue à partir de poissons salés et fermentés (généralement des anchois), qui possède une odeur et un goût très forts. La version thaïlandaise porte le nom de nam pla.

sauce soja japonaise Sauce polyvalente avec une faible teneur en sodium, qui contient plus de blé que les sauces soja chinoises. C'est sans doute la meilleure sauce soja de table, et celle à choisir si vous devez n'en prendre qu'une seule.

sauce Worcestershire Sauce liquide brun foncé et épicée, développée par les Britanniques lorsqu'ils étaient en Inde. Elle est utilisée comme condiment et pour relever des viandes, des sauces et des cocktails.

Tabasco® Nom de la marque d'une sauce extrêmement piquante, à base de vinaigre, de piments rouges forts et de sel.

VANILLE

extrait Liquide obtenu en faisant macérer des gousses de vanille dans un mélange d'alcool et d'eau.

gousse Fruit séché long et fin d'une orchidée tropicale ; les minuscules graines noires qu'elle renferme apportent un délicieux parfum vanillé aux pâtisseries et aux desserts. Pour obtenir du sucre vanillé, souvent utilisé dans les recettes, placez une gousse entière dans un bocal rempli de sucre. La gousse peut servir trois ou quatre fois.

VINAIGRE

vinaigre balsamique Originaire de Modène, le vinaigre balsamique est très présent sur le marché, d'intensité et de qualité variables selon sa durée de vieillissement. Le prix est généralement lié à la qualité. Utilisez les plus onéreux avec modération.

vinaigre blanc Produit à partir d'alcool issu de la distillation de céréales.

vinaigre de cidre Issu de pommes fermentées.

vinaigre de vin rouge Issu de vin rouge.

YAOURT

à la grecque Yaourt nature qu'on a filtré (idéalement dans une mousseline) afin d'en éliminer le petit-lait et de lui donner une texture crémeuse. Il est idéal pour préparer des dips et des vinaigrettes.

INDEX

N

O

P

Q

Publié pour la première fois
en Australie en 2013

sous le titre *Recipes and Secrets from our Test Kitchen*

par Bauer Media Books

Directrice éditoriale et culinaire : Pamela Clark
Photographies : Ian Wallace
Stylisme : Louise Pickford

Traduction : Constance de Mascureau
Édition française : Dominique Montembault
Corrections : Véronique Dussidour
Mise en page : les PAOistes

Hachette Livre – Département Marabout
58 rue Jean Bleuzen 92170 Vanves

ISBN : 978-2-501-10513-2 – 12.0210.9 / 01
Dépôt légal : septembre 2015
Achevé d'imprimer en Italie
par STIGE en août 2015

Désormais, vous pourrez dire :

C'EST MOI LE CHEF !

apprenez à réussir à coup sûr toutes vos recettes.

Aujourd'hui, nous avons décidé de partager avec vous de précieux secrets et recettes de cuisine.

Comment faire cuire un steak à la perfection ou réaliser des brownies au cœur fondant ?

Quelles épices avoir en réserve chez soi ?

VOUS TROUVEREZ LES RÉPONSES À DE NOMBREUSES QUESTIONS DE CE GENRE AINSI QU'UNE MULTITUDE DE CONSEILS DANS CET OUVRAGE.

Que vous soyez débutant ou expert, il vous sera utile au quotidien.

Une mandoline est un ustensile qui sert à tailler des légumes en tranches très fines.

QUAND

VOUS PRÉPAREZ UN SOUFFLÉ SUCRÉ, BEURREZ LES PAROIS DU PLAT ET SAUPOUDREZ-LES DE SUCRE POUR QUE LE SOUFFLÉ PUISSE « S'ACCROCHER » DESSUS ET GONFLER DAVANTAGE.

POUR LES SOUFFLÉS SALÉS, UTILISEZ DE LA CHAPELURE FINE DU COMMERCE.

J'AIME LA CRÈME...

FAITES CUIRE LE POISSON À LA POÊLE, CÔTÉ PEAU VERS LE BAS, JUSQU'À CE QUE LA PEAU SOIT CROUSTILLANTE, PUIS RETOURNEZ-LE.

FAITES DORER

LA VIANDE DANS UNE POÊLE OU UN WOK TRÈS CHAUD PAR PETITES QUANTITÉS ; SI VOUS EN METTEZ TROP À LA FOIS, LA TEMPÉRATURE BAISSERA ET VOS SAUTÉS SERONT MOINS RÉUSSIS QU'ILS DEVRAIENT L'ÊTRE.